華 嚴 詩 學

李 霖 生 著

文 史 哲 學 集 成
文史哲出版社印行

國家圖書館出版品預行編目資料

華嚴詩學 / 李霖生著. -- 初版. -- 臺北市: 文史
哲, 民 91
　　面： 公分 -（文史哲學集成 ; 468）
參考書目：面
ISBN 957-549-485-7 (平裝)

1.華嚴部

221.22　　　　　　　　　　　91021893

文史哲學集成　　㊽

華 嚴 詩 學

著　　　者：李　　　霖　　　生
出 版 者：文 史 哲 出 版 社
　　　　　http://www.lapen.com.tw
登記證字號：行政院新聞局版臺業字五三三七號
發 行 人：彭　　　正　　　雄
發 行 所：文 史 哲 出 版 社
印 刷 者：文 史 哲 出 版 社
臺北市羅斯福路一段七十二巷四號
郵政劃撥帳號：一六一八〇一七五
電話 886-2-23511028・傳真 886-2-23965656

實價新臺幣二四〇元

中華民國九十一（2002）年一月初版

前　言

冰與火的光影魔舞

「華嚴詩學」之論述策略，脫出學術論文常軌，無以自解。但卻不可不略述微衷，及其原始構想。原意以近乎數學語言之機械化表述形式，修正傳統詩學風流飄逸之失，卻墮落成僵直無聊之文句排比。矯枉過正，又因壓抑太久，反激出許多風流意象，顛倒生成冰火輝映之書。歷時三年，書成聊以自誌。

李霖生 06062002

華 嚴 詩 學

目次

--Yet when we came back, late, from the hyacinth garden,
Your arms full, and your hair wet, I could not
Speak, and my eyes failed, I was neither
Living nor dead, and I knew nothing,
Looking into the heart of light, the silence,
Oed' und leer das Meer. （荒涼與空寂的海洋）

我本不該迷戀僅此一次的人間
但我已如此耽玩於她藍鯨款擺的韻腳
所以這必定是一闋無法挽救的時間
很想唸最後那句德文給你聽
也很想看見你為夜霧潤濕的髮梢
以及滿懷的風信子

第一章　序　論

「華嚴詩學」意即「華嚴經的詩學」，試圖從「詩學」的研究途徑入手，詮表《大方廣佛華嚴經》內蘊的「詩學形構」。所以是「以詩學論華嚴」且「以華嚴議詩學」。[1]為了避免學者生出循環論證的疑難，所以在正文之前，先行告白本文所謂之詩學，其次說明採詩學取向的目的，進而實習「以詩學論華嚴」且「以華嚴議詩學」的原理。

首先聲明既以「華嚴詩學」為題，乃是為了與「華嚴哲學」「華嚴宗哲學」等議題有所區分。所以「華嚴詩學」議論的是《大方廣佛華嚴經》，而不是「華嚴宗」，尤其不敢以「華嚴宗哲學」為議題。因為本文不從宗教學路徑契入《大方廣佛華嚴經》，所以不敢議論「華嚴宗」。因為不能追隨前賢闡釋《大方廣佛華嚴經》之「形上學」「宇宙論」或「存有學」，故不敢妄稱「華嚴宗哲學」。

詩　學

究竟何謂「詩學」？宜乎依循《大方廣佛華嚴經》文本界定之，[2]但是難免啓人「循環論證」之疑，所以姑且先立一說，而後再覆按經典。但先呈之「詩學」，並非摘取自他處，而實即「華嚴詩學」也。下文有關「詩學」之定義，均可覆案《大方廣佛華嚴經》文本。

---

[1]所謂「議」「論」，請參考《莊子・齊物論》：「六合之外，聖人存而不論。六合之內，聖人論而不議。春秋經世先王之志，聖人議而不辯。」

[2]texture.織品是文本的詞源

因此學術之議論可以優遊經典之內，而確保往還議論之效率也。（任何對本書的批評，亦應據經文自身的文學性格進行之。）

　　所謂「詩學」（poetics）參照亞里士多德 Aristotellous peri Poiētikēs（Aristotle's　Poetics）的古典意義，可視為「文學理論」的異名。其內容約有兩方面：一指文學之所以為文學的理論，可視為文學的哲學。一指文學表現手法的解析與評論，可視為文學方法論的反思。

　　「語言若是存有（Sein）的居所，文學似乎必須還生命一個歸宿。詩學的原理如果在於：『以語言為媒介形構意象，以意象表現生命的理解。』那麼文學作品理應成為我們生命意義寄頓之所。雖然語言終究是社會契約的虛構，但託不得已以養中，誰云不可？因此，文類（genre）豈不決定了我們生命的風格，足以彰顯生命的意境。我們對生命的理解固然經由文學而得以表現（representation），生命理解的高下其實也決定於文學表現的成就。」[3i]

　　以上的議論或許失之粗疏，原可以當作學術社群的常識，勿須贅言。但是學術社群的成員，實難一概而論，於是所謂常識便有許多莫測的層次。所謂善與人同，已不只是倫理教條，也是學術捨棄其貴族性的重要指標。故又何妨贅言。況且今日臺灣「學術界」，憑自身知與不知而臧否他人學術研究價值者，滃歟盛哉。

　　議論「華嚴詩學」，是否有其正當性？首先要問：《大方廣佛華嚴經》是否有其文學性？它除了具有宗教意義，是否也可以具有文學意義。這一點正是本文的課題，將逐步萃取層析其文學性。在此先就文學的普遍價值，概略擬議。「文學」相對於形上學，無疑是建立在形而下的語言與意象之上。同時，並不否定此形下世界的價值與真實性。牟宗三先生鉅著《佛性與般若》有云：「（維摩詰經）

---

[3] 引自拙作〈靈山：文學虛無的歸宿〉（新竹：玄奘人文學報，第四期，2001）頁 185。

觀眾生品第七又說：『言說文字皆解脫相。……無離文字說解脫
也。……「離文字說解脫」是方便權說。「不離文字說解脫」是圓
實說。』」[4]

文　本

本文有關《大方廣佛華嚴經》文本，主要以（唐）實叉難陀所譯
「八十卷華嚴」為主，間或參考「六十華嚴」與「四十華嚴」。牟
宗三先生於佛學文獻取擇，有幾點讜論：「近時佛學專家多喜習梵
文，從頭來。我很希望他們能對于以往的傳譯有所糾正，並希望他
們能有新發現，無論是文獻，或是教義。……以往的翻譯是經過了
幾百年的傳統，都已成了定本，而且他們的翻譯都是純粹的翻譯，
不雜以任何梵文字，即使不是意譯，亦是音譯過來。這樣的翻譯才
可以獨立發展。故講述者，……都是以譯文為憑。……吾不是佛學
專家，亦無力學梵文，故只憑東流的經論講述中國吸收佛教過程中
義理發展之綱脈與關節。」[5]《大方廣佛華嚴經》文本顯示下述特質，
進而得以歸類為神話文學的範疇。

首要戒命即在於必須從本溯源，探索其理念本義，以至於引申義
之流變。尤其不可忽視其文化內超越面向的思維，不可輕視宗教聖
典的哲學意義。更不可不知其神話傳說的理論價值，率爾以「迷信」
目之。

神話（myth）概念襲自希臘的「神話（mythos）」概念，從淵源
與歷史觀之，皆本於西方文明。但是界定神話的術語不屬於神話，
而建立在與實在（reality）與理性（reason）的概念對峙之上。相對

---

[4] 牟宗三，《佛性與般若》（臺北：臺灣學生書局，1997），頁 599-600。

[5] 牟宗三，《佛性與般若》（臺北：臺灣學生書局，1997

於實在，神話是虛構（fiction）。相對於理性，神話是荒謬（absurd）。神話原義爲「言」或「詞」，但在希臘時代，神話 mythos 分化自 logos，卻又似高於 logos。（Coupe 9-11）

神話的內涵可可概括如下幾個側面：典範（paradigm）、完美化（perfection）、可能性（possibility）。（Coupe 1-9）各種神話樹立的典範以完美性爲其敘事的目標，這些典範建立的完美性其實爲人生啓示了多樣的生命可能性。

若列舉神話的典範則有：生殖活動神話（fertility myth），創生活動神話（creation myth），拯救（deliverance）之神話，英雄神話，文藝神話（lierature myth）等等。就神話詮釋（mythography）層面言之，生殖活動神話蘊涵天命的理念。天神漸逝，而聖言與道取而代之，我們依此探討神話的邏輯。創生活動神話啓自渾沌。包括創生之喜劇瞬間，兼職巫師的吟遊詩人，聖與凡，以及黑暗之心的逆旅等主題。至於拯救之神話揭示了終點／目的。包括循環無端的天問，啓示錄的修辭學，以及沒有啓示錄的啓示錄等議題。

就神話詩學（mythopoeia）的層面言之，環繞著真理議題有兩種神話詩學，其一是寓言學（allegory），其一是類型學（typology）。寓言學旨在對於完美化的透視。而類型學旨在揭示永遠的可能性。在神話與歷史的對峙裡，我們的議題是啓蒙與反啓蒙。環繞著歷史議題亦有兩種神話詩學，寓言學與類型學。文學評論如奇情小說。又或者不只一個樣的故事。從心靈層次討論神話詩學，環繞著心靈議題亦有兩種人：寓言學家與類型學家。此關乎原罪、追尋自我、心靈的文法等議題。

既以 Homer 的 *Iliad* 與 *Odyssey* 爲主要的參考書，議論「神話」之義後，不可不繼續議論「史詩（epic）」之義。融通《尚書》裡記載殷周之際的幾篇文章來看，以開國君王爲主的言行，頗能符合我

們所理解的「神話」與「史詩」。史詩源自民間故事，由群體製作，也是群體生活的表現。民間故事不是以個人的經歷為媒介的虛構，史詩表現一個民族神聖的過去。史詩與吟唱史詩的時代之間，存在著無法逾越的斷層，如此史詩方成其為史詩。（Bakhtin 1998:13）

神話始自虛擬的時間

　　《大方廣佛華嚴經》雖然卷帙浩繁，但為成就「華嚴詩學」的議論，我也只能取一瓢飲。首先在〈序論〉中，本文嘗試集中議論《華嚴經‧入法界品》，甚至有時視之為一部完整的作品。順著《華嚴經‧入法界品》的敘事脈絡分析，自然發現一些常態模式，譬如最初多以下述摘引的段落展開敘述：

　　「爾時，文殊師利菩薩勸諸比丘，發阿耨多羅三藐三菩提心已，漸次南行，經歷人間。至福城東，住莊嚴幢娑羅林中，往昔諸佛曾所止住，教化眾生大塔廟處，亦是世尊於往昔時，修菩薩行，能捨無量難捨之處。是故此林名稱普聞無量佛剎。……」（入法界品第三十九之三）

　　虛擬的時間起點「爾時」，反而突顯了「文殊師利菩薩經歷人間」事件的超歷史性。因為每個神話的命運都是最初潛入歷史實在的狹小角落，後來在某一時代被視為具有歷史意義的事實，當作歷史學萌芽的前驅。（Nietzsche Werke I:74）《華嚴經》裡，超歷史性的事件紛紜雜沓，都不是前歷史的傳說，而是一種揭示理想的「神話寫作時間」。

　　「爾時，善財童子漸次南行，至妙意華門城，見德生童子、有德童女，頂禮其足，又遶畢已，於前合掌而作是言：聖者，我已先發阿耨多羅三藐三菩提心，而未知菩薩云何學菩薩行？云何修菩薩

道?唯願慈哀,爲我宣說。」(入法界品第三十九之十八)

　　《華嚴經・入法界品》的主題之一是「求善知識」,本文必須首先強調,「華嚴詩學」所謂的「善知識」迥異於現代人意識裡的(科學)知識,或者說現代文化裡的一個流行的預設,亦即知識必須是科學的。因此現代人未假思索,一廂情願賦予科學極高的價值,而知識的尊貴更是歷久不衰。

　　但是科學形而上的妄想,認爲依賴因果律(der Causalität)的引導,可以深入存有至深的底蘊,思想不僅能認識存有,甚至能修正存有。(Nietzsche Werke I:99)我們必須一再重申:科學的使命在於使人生可以由概念掌握,並使人生取得正當權利的戳記。如果科學不能提供人生正當的基礎,只好祈靈於神話,或許神話本來就是科學最終的意向。(Nietzsche Werke I:99)

　　因爲一旦一種文化喪失了理解神話的能力,也將喪失其健康的自然創造力。唯有神話環抱起的地平線,才能夠擁起天人合一,圓融無礙的文化運動。現代人的歷史化教育使他只能透過學術的盤剝,以抽象概念爲中介曲解神話,導致神話的式微。(Nietzsche Werke I:145-6)

　　我們在《華嚴經》裡,看見神話強勢的啓導力量。但是既非基於宗教信仰,更不受近代科學預設的局限,而是以美感,以詩學的角度觀照此中富麗的神話。

　　「時,童子童女告善財言:善男子,我等證得菩薩解脫,名爲幻住。得此解脫故,見一切世界皆幻住。因緣所生故,一切眾生皆幻住。業煩惱所起故,一切世間皆幻住。無明有愛等展轉緣生故,一切法皆幻住。我見等種種幻緣所生故,一切三世皆幻住。我見等顛倒智所生故,一切眾生生滅老病死憂悲苦惱皆幻住。虛妄分別所生故,一切國土皆幻住。想倒心倒見倒無明所見故,一切聲聞辟支佛

皆幻住。智斷分別所成故，一切菩薩皆幻住。能自調伏、教化眾生
諸行願法之所成故，一切菩薩眾會、變化、調伏、諸所施爲皆幻住。
願智幻所成故，善男子，幻境自性不可思議。」（入法界品第三十九之
十八）

「迷幻」與詩學的關係密切，因爲迷魂（die Verzauberung）是
一切戲劇藝術的前提。（Nietzsche Werke I:61）日神形象是個體化原
理最高的表現，祂表現的光明因素，呈現表象（Scheines）最高的樂
趣與美麗。（Nietzsche Werke I:28）然而那是夢想的世界，是幻師幻
化的天地，魔術師魔幻所作的萬物。

當「童子童女告善財言：善男子，我等證得菩薩解脫，名爲幻住。
得此解脫故，見一切世界皆幻住。」毗盧遮那如來觀照的世界，是
最美好最富貴的世界，但是此美好世界所住並非常住，而是幻住。
如果生命執著此美好世界，便只成就了個體化世界的完美。當人類
在充足理由律不再適用的時刻，如果又遇上個體化原理破碎，那全
面潰毀的臨界情境，將何以自處？

藝術的兩大動力因：狂歡的實在（rauschvolle Wirklichkeit）與夢
的形象世界（die Bilderwelt des Traumes）。（Nietzsche Werke I:30）
兩者的交互作用的客體化成就，形構了人類的藝術表現。《莊子·
齊物論》所謂：「物無非彼，物無非是。」「彼」「是」爲我們分
類範疇的對立性，是認知的基礎，「自彼則不見，自知則知之。故
曰彼出於是，是亦因彼。彼是方生之說也。」「彼」「是」提示視
覺想像的點，但是在彼是方生之際，想像逸出視域，音樂的節奏於
焉升起。爲何說音樂呢？因爲音樂乃歷時性的藝術，而時間的設想
類比著生命的綿延。

「彼是方生之說」可以說是「因」的理論，是萬物互爲因果，互
爲生存條件的理論。因有承載，藉以之意。因的理論也就是媒體學。

萬物互相為媒，藉以表述自身的意義。

「雖然，方生方死，方死方生。方可方不可，方不可方可。因是因非，因非因是。是以聖人不由，而照之於天，亦因是也。」天也是一種因，是極大的一張茵席。萬物皆可作媒體，當它作媒體時，它就不是原來的它，而是被彼物借去襯底的物。物作為媒體，此媒體又有媒體以襯出它的寓意，如此可無窮推演。但是一旦取消這媒體性能，擬定該物的的本性，將產生誤置具體性的謬誤。

如果以為「彼」「是」之名實有，將無法理解：「是亦彼也，彼亦是也。彼亦一是非，此亦一是非。」這裡必須預設反同一律與反矛盾律，否則「彼」只等於「彼」，「是」只等於「是」，無法解釋「是亦彼也，彼亦是也。」是就是，不是就不是，《莊子》的答案謂：「果且有彼是乎哉？果且無彼是乎哉？彼是莫得其偶，謂之道樞。樞始得其環中，以應無窮。是亦一無窮，非亦一無窮也。故曰莫若以明。」一語道破媒體學的必要性。「以指喻指之非指，不若以非指喻指之非指也。以馬喻馬之非馬、不若以非馬喻馬之非馬也。天地一指也，萬物一馬也。」因此我們的宇宙論並非真正描述宇宙的起源與生成，而是我們對於宇宙想像的邏輯化論述。邏輯的要素是概念／詞、命題／語句、論證／複合句。我們藉著對天地萬物的命名，完成上述的邏輯結構。

華嚴敘事層疊的特質

「文殊師利菩薩經歷人間」事件，在〈入法界品〉裡，可以視為「善財童子經歷人間」事件的類比寓言（allegory）。當猥褻的現代人以一套善辯的辯證法，字斟句酌的收編神話為歷史時，神話便宣判了死刑。（Nietzsche Werke I:75）神話裡的主角是「非人」「超人」「半

人神」，神話主角眼中的宇宙不必局促於世俗的「凡夫推理」，而是借助神話的寓言學。現實生活中層疊（mergence）或許是禁忌，但是層疊映比的想像力教程，自然迥異於單線演繹的推理邏輯。這種敘事特色在〈入法界品〉中，乃至《華嚴經》裡，隨處可見。但《華嚴經》裡的寓言更具有一種複構類比的特質。

「時，福城人聞文殊師利童子在莊嚴幢娑羅林中大塔廟處，無量大眾從其城出，來詣其所。時有優婆塞名曰大智，與五百優婆塞眷屬俱，所謂須達多優婆塞、婆須達多優婆塞、福德光優婆塞、有名稱優婆塞、施名稱優婆塞、月德優婆塞、善慧優婆塞、大慧優婆塞、賢護優婆塞、賢勝優婆塞、如是等五百優婆塞俱，來詣文殊師利童子所，頂禮其足，右遶三匝，退坐一面。復有五百優婆夷，所謂大慧優婆夷、善光優婆夷、妙身優婆夷、可樂身優婆夷、賢優婆夷、賢德優婆夷、賢光優婆夷、幢光優婆夷、德光優婆夷、善目優婆夷、如是等五百優婆夷來詣文殊師利童子所，頂禮其足，又遶三匝，退坐一面。復有五百童子，所謂善財童子、善行童子、善戒童子、善威童子、善勇猛童子、善思童子、善慧童子、善覺童子、善眼童子、善臂童子、善光童子，如是等五百童子來詣文殊師利童子所，頂禮其足，又遶三匝，退坐一面。復有五百童女，所謂善賢童女、大智居士童女、賢稱童女、美顏童女、賢慧童女、賢德童女、有德童女、梵授童女、德光童女、善光童女、如是等五百童女來詣文殊師利童子所，頂禮其足，又遶三匝，退坐一面。」（入法界品第三十九之三）

希臘詩人不以概念推理，而以眾神世界鮮明的視覺形象，啟示藝術觀的奧妙深邃。（Nietzsche Werke I:25）「優婆塞」猶謂「清信士」，「優婆夷」猶謂「清信女」，〈入法界品〉所表現的絕非「五百清信士、五百清信女，加上五百童子、五百童女」這麼簡單的事實記錄。因為它不厭其煩的縷述了他們的名號，而每一名號都表現了一

種獨特的理念。透過位格化的裝飾,眾人的存在形態都異常鮮明,一位一位善男信女童子童女皆因異名而彰顯不同的理想生命形態,同時他們的存在樣態充塞於視覺想像的地平線。

「又見諸寶鏡中種種形像,所謂或見諸佛眾會道場,……」

(入法界品第三十九之二十)

嘉年華會(carnival)原本是水乳交融的歡會。(syncretic pageantry)它具有以下特徵:首先它倡導個體之間,親暱狎褻的交際(familiar contact)。其次,它造就反常(eccentricity)的世界,顛覆人際疏離的建制。再其次,它肯定苟合(carnivalistic mesalliances)的意義。最後,它顯示濃厚的世俗(profanation)取向。(Bakhtin 1999:122-3)

層疊複構聲音迷宮的交響樂

本文對於「文殊師利童子在莊嚴幢娑羅林中大塔廟」事件的詮釋,乃受到巴赫金(Mikhail Mikhailovich Bakhtin 1895-1975)詩學的啟發。巴赫金提出「多音複構」的說法,詮釋文學家的表現手法,謂之為「藝術性之視覺化作業(artistic visualization)」。(Bakhtin 1999:4)此即上述眾人的存在形態透過位格化的裝飾,一位一位善男信女童子童女皆因異名而彰顯不同的理想生命形態,同時他們異常鮮明的理想生命形態,充塞於視覺想像的地平線。

其次,他以「聲音」(voice)一詞表示作品中主角(hero)的表現,或其所表現的理念(idea)。(Bakhtin 1999:5)例如上引經文「所謂善財童子、善行童子、善戒童子、善威童子、善勇猛童子、善思童子、善慧童子、善覺童子、善眼童子、善臂童子、善光童子,如是等五百童子」各自代表了一種完美的生命樣態,這種追求不同樣態完美生命的名號就是理想在「發聲」,種種名號是理想生命存在

的「聲明」（l'énoncé）。

巴赫金以「聲音」（voice）與「藝術性之視覺化作業（artistic visualization）」爲要素，又提出「遭遇」（Sobytie，event）概念。所謂遭遇乃以共存的兩造爲前提，兩造各以其「藝術性之視覺化作業（artistic visualization）」達成發聲的效果。（Bakhtin 1999:6）

就感官觀之，視覺與聽覺各有所司，互相無法化歸。但是就文學表現而言，聲音由書寫而具文字之象，再藉文字之象啓發讀者類比的視覺想像。反之，視覺形象何以表現無形象的音聲呢？在此我們可以參考語言學家的意見，語言的形構，即使是象形文字也不能只靠共時軸（synchrony）以形構意義，所以共時軸與歷時軸（diachrony）相互爲用乃語言的普遍結構。（Jakobson 1998: 81-83, 164-6）

即使單音獨體的中文的呈現，一旦必須以語句爲表意單位，則時間性的地平線升起，環抱擁戴著語句完整的意義之際，語言的歷時軸開始傳動，此時各別的字詞如音符，在歷時軸上共譜意義的旋律。

上述「所謂須達多優婆塞、婆須達多優婆塞、福德光優婆塞、有名稱優婆塞、施名稱優婆塞、月德優婆塞、善慧優婆塞、大慧優婆塞、賢護優婆塞、賢勝優婆塞、如是等五百優婆塞」「所謂大慧優婆夷、善光優婆夷、妙身優婆夷、可樂身優婆夷、賢優婆夷、賢德優婆夷、賢光優婆夷、幢光優婆夷、德光優婆夷、善目優婆夷、如是等五百優婆夷」「所謂善財童子、善行童子、善戒童子、善威童子、善勇猛童子、善思童子、善慧童子、善覺童子、善眼童子、善臂童子、善光童子，如是等五百童子」「所謂善賢童女、大智居士童女、賢稱童女、美顏童女、賢慧童女、賢德童女、有德童女、梵授童女、德光童女、善光童女、如是等五百童女」恍如聲音的列柱，在「文殊師利童子在莊嚴幢娑羅林中大塔廟」共成一理念遭遇的廟會。

　　《華嚴經》另一敘事特色即開宗明義皆在「一切佛眾會」，如《華嚴經‧世主妙嚴品第一》云：「無邊菩薩，道場會眾，咸集其所，以能出現諸佛光明不思議音。」在佛眾會與善信男女童子俱，構成全幅經文最普遍的舞臺，這些承載理念的名號發出不思議音，合奏神聖的交響樂。這也就是「多音複構」的特殊文類，彰顯了「華嚴詩學」一大特質。

華嚴夢醉

> 爾時，文殊師利童子知福城人悉已來集，隨其心樂，現自在身，威光赫奕，蔽諸大眾。以自在大慈，令彼清涼，以自在大悲起說法心，以自在智慧知其心樂，以廣大辯才將為說法。復於是時，觀察善財以何因緣而有其名？（入法界品第三十九之三）

　　上引經文包括三個議題：其一，文殊師利童子「隨其心樂，現自在身，威光赫奕，蔽諸大眾。」其二，文殊師利童子以「自在大悲起說法心」其三，「善財以何因緣而有其名」。隨著問題出現的序列，必須提醒讀者，至今本文皆依原典既有的次第摘引經文，所以問題的序列屬於原著既有的安排，足以證立原典內蘊的義理，絕非後人妄作比附。

　　第一個議題：「隨其心樂，現自在身，威光赫奕，蔽諸大眾。」希臘美學將藝術的力量，以兩種生理現象化約為兩股勢力：夢與醉。（Nietzsche Werke I:25）以身體呈現的生理現象啟發想像，如上引文所顯示的身心關係，不僅是希臘美學的專利，我們在「華嚴詩學」中看見同樣的原理。然而我們還必須進一步說明為何一定是「夢與醉」。

　　《華嚴經》的教主「毗盧遮那如來」（首見於〈世主妙嚴品第一之一〉），「毗盧遮那」是梵語 Vairocana 的音譯，原意就是太陽，密教以「毗盧遮那如來」與「大日如來」同體。日神 Apollo 是光源之神，提供造形藝術的泉源，同時又是預言之神。夢想提示的生命的預言，使生活具有可能性。夢想的力量是造型藝術的根源，夢想者以視覺意象主動形構這世界。（Nietzsche Werke I:27）

　　所謂「隨其心樂，現自在身」因日神形象是個體化原理最高的表現，呈現表象（Scheines）最高的樂趣與美麗。（Nietzsche Werke I:28）日神創造了眾神的世界，位格化（亦即人格化）的眾神過著人的生活，遂使人生得以正當，此乃唯一令人滿意的自然神學（Theodicee）。（Nietzsche Werke I:36）

　　至於另一生理現象：醉，屬於酒神意象的範疇，本文將逐步證立其正當性。在此之前須先析論上述第二個議題。

　　第二個議題：「自在大悲起說法心」並非僅僅歸屬宗教的範疇，自在大悲在文學領域有更深刻的意義。如果生命的定義在於暴量（das Uebermaass）的生命。（Nietzsche Werke I:41）亦即生命的意義並不在於他的過去，而在他的未來，生命的意義在於更多的生命。人間的悲願並非因為無底的虛無感而墮入人生多苦的宿命，而是因為過度豐盈的生命遂耽溺於無盡的苦行。（Nietzsche Werke I: 12）耽溺於無盡的苦行方可顯現生命的強勁有力。唯有自在大悲才能說明何以修行無厭，普渡眾生。所以自在大悲與酒神啟發的天地萬物一體流行，密切相關。

　　第三個議題：「善財以何因緣而有其名」這個問題很容易引導文學評論家耽溺於「命名／權力」的原始分類學，以致無法參悟神話圓融無礙的真諦。如此的原始分類學，將不免成就一個偌大圖書館的館員與校對員，目迷於書上積灰與書中錯別字的可憐蟲。（Nietzsche

Werke I:120）其原因就在於缺乏文學的想像，執著於名實的對立，以及名實間預設的「本體－表象」關係。

《華嚴經》以「因緣」形構解消了本體的預設，於是人生與宇宙唯有作為美感表象而獲得其正當性。因為將善財童子得名的根本建立在「因緣」之上，名非因實而得，表象非因本體而生，唯因條件遇合而生，意謂著一套人為的（artificial）組合活動，善財之名實為一藝匠（artist）製作的藝品（artifact），所謂「五蘊假和合」而生。善財童子是毗盧遮那佛光照下的存有者（Dasein），在光源下獲得了生存的正當性。甚至可以說是光的幻影，是造型藝術之神的作品。

上文已反覆陳述，華嚴夢的世界，恰如善財童子入胎之際的傳奇：

「知此童子初入胎時，於其宅內自然而出七寶樓閣，其樓閣下有七伏藏，於其藏上，地自開裂，生七寶芽，所謂金、銀、琉璃、玻璃、真珠、硨磲、瑪瑙。善財童子處胎十月然後誕生，形體肢分端正具足。其七大藏，縱廣高下各滿七肘，從地湧出，光明照耀。復於宅中，自然而有五百寶器，種種諸物自然盈滿。所謂金剛器中盛一切香，於香器中盛種種衣，美玉器中盛滿種種上味飲食，摩尼器中盛滿種種殊異珍寶，金器盛銀，銀器盛金，金銀器中盛滿琉璃及摩尼寶，玻璃器中乘滿硨磲，硨磲器中盛滿玻璃，瑪瑙器中盛滿真珠，真珠器中盛滿瑪瑙，火摩尼器中盛滿水摩尼，水摩尼器中盛滿火摩尼，如是等五百寶器，自然出現。又雨眾寶及諸財物，一切庫藏悉令充滿。以此事故，父母親屬及善相師，共呼此兒名曰善財。又知此童子，已曾供養過去諸佛，深種善根，信解廣大，常樂親近諸善知識，身語意業皆無過失。淨菩薩道，求一切智，成佛法器，其心清淨，猶如虛空，迴向菩提無所障礙。」（入法界品第三十九之三）

引證《華嚴經》原典常須長篇累牘，實在無可奈何。因為非不如此，不能表現「華嚴詩學」富麗華嚴的詩學特質。在日神光照下，

上述「七寶樓閣」「七伏藏」「七寶芽」獲得形象，並列恍如聲音的列柱，共組一理念遭遇的廟會。這是《華嚴經》隨處可見的神話，也是神聖廟堂之中，理念的交響曲。

「於其宅內自然而出七寶樓閣」「其七大藏，縱廣高下各滿七肘，從地湧出，光明照耀。復於宅中，自然而有五百寶器，種種諸物自然盈滿。」從世俗的角度觀之，上文皆違背實在與理性。界定神話的術語不屬於神話，而建立在與實在與理性的對峙之上。相對於實在，神話是虛構。相對於理性，神話是荒謬。依此定義，《華嚴經》的神話性質得以確認，「華嚴詩學」的神話學取向亦無可疑。（Coupe 11）上引文完全違背日常生活的現實，也違背人類理性的思維，此正所以界定神話也。但是若一文化喪失了神話，必將喪失其健康的自然創造力。唯有神話環抱起的地平線足以統整文化運動於圓融無礙之一體。

現代人的歷史教育使他只能透過學術的盤剝，以抽象概念為中介理解神話，將神話安置在理性萌芽的前沿，合理史實記載前的蒙昧時期，此即史前神話的時期，此即神話的式微。（Nietzsche Werke I:145-6）這是因為現代人已喪失了神聖的想像力，變成謹小慎微的現實主義者，跼蹐於生活一隅卑微的境遇，因此無法企向生命更完美更華麗的未來。人生與宇宙的真諦絕不止此，所以我們需要神話，需要神話也絕非墮落。

如果不從現實生活的理性觀照神話的意義,詩學觀照神話的立足點何在？無上正等正覺乃以藝術的美感勘破理論的局限，復以生命的本真了悟藝術的美感。（Nietzsche Werke I:14）

華嚴普賢行願之悲劇性

死亡是生命唯一的名姓。像轟然墜毀的煙塵裡，升起一切音樂的美好。於是你恣意踴身墜入生命唯一的正確裡。音樂給你的潰毀，是活下去唯一的理由。意識闇黑的廢墟，是生活世界永恆的居所，請移步，開始登記成爲人類的一分子。

自我是你最後閱讀的生命圖象。殘留在你的視網膜上，是你對這個浮華世界最後的記憶。從此，你將隱沒無垠闇黑的極樂。上文已聲稱生命的定義在於暴量(das Uebermaass)的生命。(Nietzsche Werke I:41)而普渡眾生的悲願絕非因爲無底的虛無感，徒然慨歎人類已墮入人生多苦的宿命，而是因爲過度豐盈的生命，遂耽溺於無盡的苦行，此乃所謂大悲。(Nietzsche Werke I: 12)爲了表現普賢行願鉅量的生命力，善財童子的出生（生的甲骨文字象地上有物出生，即在是存有物。）正是普賢行願的具體化表現。

本文僅從文本分析《華嚴經》原典中的悲劇性元素，而且註明是尼采所界定的希臘悲劇。一班無識之人可能偏執尼采批判佛教小乘的章句，遂訝於此處竟徵引尼采以證成無上正等正覺。其實尼采何曾真正面對過佛學之大乘？但其積健爲雄反叛自然的悲劇英雄，實與菩薩普度眾生之大悲無殊也。試問若無過度豐盈的強盛生命力，如何能副其普度眾生之大悲？但基於「意識型態先行」的論辯殊乏議論價值，本文基於原典無可迴避的證據立言，亦煩請學者遵循證據參與議論。

毗盧遮那如來實現了個體化原理，因此埋下了悲劇的種子。因爲當個體無法抵擋自身的幻滅消亡之際，人類有限的理性無法理解的個體的潰毀，使人失去了生活的信心，並且懷疑自身生命的正當性。前述引文所謂「因緣所生故，一切眾生皆幻住。業煩惱所起故，一切世間皆幻住。」（入法界品第三十九之十八）否定了一切眾生與世界的實有性，展現了悲劇中虛無主義的部分特質。眾生指個體化的成

果，世間則是一切個體存在的場域。

「無明有愛等展轉緣生故，一切法皆幻住。我見等種種幻緣所生故，一切三世皆幻住。」（入法界品第三十九之十八）法是護持人間的範疇，三世乃時間之概觀，如果一切法與一切三世皆幻住，我們將無以理解人生的意義，所以「華嚴詩學」於此先以虛無主義，剝除人生存在的意義與價值。

「我見等顛倒智所生故，一切眾生生滅老病死憂悲苦惱皆幻住。虛妄分別所生故，一切國土皆幻住。」（入法界品第三十九之十八）須知生滅老病死憂悲苦惱的前提在於人的個體化存在樣態，由個體組成眾生與眾生所在的國土。「華嚴詩學」的布局，點破人類在充足理由律不再適用的時刻，如果又遇上個體化原理破碎，一旦理解諸行無常，諸法無我，則酒神祭所代表的全面潰毀的狂喜即將登場。（Nietzsche Werke I:28）

「能自調伏、教化眾生諸行願法之所成故，一切菩薩眾會、變化、調伏、諸所施爲皆幻住。願智幻所成故，善男子，幻境自性不可思議。」（入法界品第三十九之十八）我們並非強以此處所謂「一切菩薩眾會」比附尼采的酒神祭。但是尼采的詩學善以具象的語言議論抽象的玄理，所以說一切施爲皆幻住，又謂幻境自性不可思議。因此爲愚癡的蛋頭學者展現另類的哲理表現方式。我們藉此認知在「灰色的哲理表述」之外，還有雜華嚴飾的哲理表現方式，此即「華嚴詩學」的範例。

所謂「幻智」就是幻化之智，就是想像力。人類知識的來源只有極少部分來自個人經驗，而絕大部分得自他人得轉述。因此除了感性與知性，我們更需要想像力綰統感覺經驗與概念推理。想像的世界主要由視覺想像與聽覺想像構成，其中尤以視覺想像爲大宗。依尼采的詩學觀之，阿波羅形象是個體化原理最高的表現，呈現表象

（Scheines）最高的樂趣與美麗。（Nietzsche Werke I:28）不僅日神的光照創造了視覺形象的世界，祂也是個體化原理的具體實現。但是沒有酒神祭所象徵的個體崩解，將想像釋入非視覺的世界，尤其是聽覺的音樂世界，我們不僅無法形成詩學的完整形構，甚至無法形構任何知識。酒神祭在此乃象徵人與自然的復合，因為自個體化原理建立的世界觀之，陷溺於醉狂的酒神祭，彷彿一場集體的瘟疫，演繹狂歡的黑死病。（Nietzsche Werke I:29）

巴黎聖母院，南向玫瑰窗，銅櫺上一抹夕陽眨了眨，流入 Cappuccino 的夜色裡。方場上開始聚集，亮麗的黑緞與陰鬱的紅絲絨，小小的迴旋。閃亮的眼眸在渴望裡開闔，鼻尖顛起圓潤的甜蜜，燃燒脂肪的晚宴傳出第一道骨瓷的眴眩，請選用任何一種，水晶玻璃杯的幽光，即使她不再照耀任何一念的世界，卻是自我意識矜持的最後一抹微芒。　　　　　　　‧

所謂幻智，一切都為沉淪準備好捨身的齋戒。今夜，我將以汗水淋漓的拋物線，糾纏黑衣的芭蕾伶娜。任慾望的流涎，撩撥吉卜賽舞孃翻飛的胴體。操縱喘息的迴路，將愛人禁錮在我冥想的的臂彎。於是我閉目，仰身，躺入，暗流千尋的馬里亞納海溝。

視線掃瞄每一波紋的蝶翼，翩翩的身姿已倏忽隱沒光網的末稍，你已婉約轉錄於鎏亮的銅線，徐徐移向我忐忑的耳膜，圓滿的骨瓷溢出泠泠的風華，傾入耳渦迴旋的恍惚，明知所有的魚筌盡在漏盡的風塵，所有的言詮徒然佇待身後的沉思，或許再三重錄當時的曼妙，妄想數位虛擬的永生，終於有線的電波無法承載無形的輾轉，高窗下綠苔秋葉的金青天隅，自然留予簷前無端的風雨。

由抽象的世界透過視覺與聽覺意象，形構我們對宇宙的認知與表述，可以說由無變有。但一切終究是幻智所作，難言其實相真理。雖難言其實相，此一切幻象卻又足以啟示真理，故曰其自性不可思

議。透過幻境反顧自身得以存立的根本性質，其真理實相在於人的詩學，而不在所謂的存有學，故曰自性不可思議。

幻之餘

「善男子，我等二人但能知此幻解脫，如諸菩薩摩訶薩善入無邊諸事幻網，彼功德行，我等云何能知能說？時，童子童女說自解脫已，以不思議諸善根力，令善財身柔軟光澤，而告之言：善男子，於此南方，有國名海岸，有園名大莊嚴，其中有一廣大樓閣，名毘盧遮那莊嚴藏，從菩薩善根果報生，從菩薩念力願力自在力神通力生，從菩薩善巧方便生，從菩薩福德智慧生。」（入法界品第三十九之十八）

製造夢幻，反省夢幻，乃至於界定夢幻無自性，可以窺見「幻解脫」的真義。但是解脫之道為何反而在於「入無邊諸事幻網」？這個謎題不會現在解開，在這出入之間，將我們引向「華嚴詩學」的國度，即所謂「我等云何能知能說」的技藝世界。

但是這裡卻賣了個關子，到底「華嚴詩學」的底蘊何在？我們到底如何可以認知與解說幻智所構的幻境，進而達到幻解脫？只見「童子童女說自解脫已，以不思議諸善根力，令善財身柔軟光澤」，這是詩學的效果，而缺乏操作的歷程與手法。唯一指明的一點在於以「善財身」為媒介的意象，成為全幅意象的核心。

因為阿波羅形象不可或缺的要素在於：適度的界限。（Nietzsche Werke I:28）我們在視覺想像的世界裡，得以免於目眩神搖的原因，那是因為適度的界限。適度的界限具體實現於人的身體上，因為人身意象是承載人格與人生的媒體。人生在世難以超越自身存在所提示的觀點。而自我的存在乃語句的主詞，推理的充足理由，視覺想

像的萬用尺度。

　　雖然沒有明確的詩學傳授，但並非全無線索，所謂「名毘盧遮那莊嚴藏，從菩薩善根果報生，從菩薩念力願力自在力神通力生，從菩薩善巧方便生，從菩薩福德智慧生。」可以說明「華嚴詩學」的根本，一方面在於日神所啓示的視覺想像世界，說明了藝術的條件。一方面在於念力願力自在力神通力，說明了動力因。

大　　悲

　　「華嚴詩學」對於文學創作的理由歸諸「念力願力自在力神通力」，究竟是何念何願呢？是何念何願創始了這些善巧方便？下引文或可進一步闡釋其底細：

　　「善男子，住不思議解脫菩薩，以大悲心，爲諸衆生現如是境界，集如是莊嚴，彌勒菩薩摩訶薩安處其中，爲欲攝受本所生處父母眷屬及諸人民，令成熟故。又欲令彼同受生，同修行衆生，於大乘中得堅固故。又欲令彼一切衆生，隨住地隨善根皆成就故。又欲爲汝顯示菩薩解脫門故。顯示菩薩遍一切處受生自在故。顯示菩薩以種種身，普現一切衆生之前，常教化故。顯示菩薩以大悲力，普攝一切世間資財而不厭故。顯示菩薩具修諸行，知一切行離諸相故。顯示菩薩處處受生，了一切生皆無相故。」（入法界品第三十九之十八）

　　上文詳盡描述「大悲心」的具體內涵，首先大悲心的根據地在於「不思議解脫」，不思不議按理說不在詩學領域裡，因此可知「華嚴詩學」乃由不思議解脫而來，所以此後所有議論皆不涉及此「不思議解脫」。一切論述由此解脫而來，一切議論卻又不思議及此解脫，此即「華嚴詩學」的由來。

　　如此說明了以下文學活動的意義與定位：「以大悲心，爲諸衆生

現如是境界」大悲心是「示現」與「顯示」的動力因。由於解脫不可思議，所以它所顯示的是它所不思議的解脫境界。

在進入善財童子新的文學教程之前，我們還看到一組經常出現的問題，這組問題雖非完全一致，但自善財的詩學歷程開始就一直以類似的語句，累積著啓示的能量。「汝詣彼問：菩薩云何行菩薩行？云何修菩薩道？云何學菩薩戒？云何淨菩薩心？云何發菩薩願？云何集菩薩助道具？云何入菩薩所住地？云何滿菩薩波羅蜜？云何獲菩薩無生忍？云何具菩薩功德法？云何事菩薩善知識？何以故？」（入法界品第三十九之十八）

我們從這組問題的堅持看見生命的定義在於暴量（das Uebermaass）的生命。（Nietzsche Werke I:41）因爲那是修行，是修行的質問，是修行的堅忍不拔。若不是過度豐盈的生命力，若不是越用越有力，何能至此？這是由文學表現的風格所作的推理，如果考究文本的內容，還是會得到同樣的答案，所以緊接上引文，又有下述拜物教徒的晚禱詞的啓示：

讓我撫摸你黑色的思緒，如此可以馴服你飛揚的髮絲，讓我親吻你熠熠的靈魂，如此可以沉緬於你翦翦的眼波，讓我擁起你輕盈的裙裾，如一捧溫暖乾鬆的秋陽，願金風剪開思念，拯救我於疊花綻放的隱隱風雷，願月陰侵蝕圓滿，拯救我於幸福過度的曝曬，願雨季遺落了樂譜，川流於我不息的傷口，向晚時分我開始學習搖滾的重金屬，任你的背影鐫刻我生活的潮汐。

在你無心指顧之間，我爲你的魅力所驅，蛻化爲無措的少年。這種不時失控的焦慮，既陌生又甜蜜。在你無法知悉的角落，我因享受而不時面露微笑。在柔軟的心間擺上你弱不勝衣的身影，足已讓我開心許久。

生命的暴量

「善男子，汝不應修一善、照一法、行一行、發一願、得一記、住一忍、生究竟想，不應以限量心行於六度，住於十地，淨佛國土，事善知識。何以故？善男子，菩薩摩訶薩應種無量諸善根，應集無量菩提具，應修無量菩提因，應學無量巧迴向，應化無量眾生界，……善男子，舉要言之，應普修一切菩薩行，應普化一切眾生界，應普入一切劫，應普生一切處，應普知一切世，應普行一切法，應普淨一切剎，應普滿一切願，應普供一切佛，應普同一切菩薩願，應普事一切善知識。」（入法界品第三十九之十八）

上述引文首先突顯了「一」與「一切」的對比：生命的善境不可停止於「修一善、照一法、行一行、發一願、得一記、住一忍」，亦即不可於此生究竟想，因此也是「限量心」與無限量心的對比。所謂「六度」與「十地」標示修行的階段，其實不可謂不多，但終究屬有限量的計度。

轉入「華嚴詩學」的表現方式：「應種無量諸善根，應集無量菩提具，應修無量菩提因，應學無量巧迴向，應化無量眾生界，……」再次將生命定義於暴量（das Uebermaass）的生命。（Nietzsche Werke I:41）「華嚴詩學」將「悲劇」界定於「大悲心」，而大悲心表限為菩薩的無量心，以度化無量無盡眾生。

無量心的大悲願力在於度化無量無盡眾生，其詳細內容又曰：「應化無量眾生界，應知無量眾生心，應知無量眾生根，應識無量眾生解，應觀無量眾生行，應調伏無量眾生，應斷無量煩惱，應淨無量業習，應滅無量邪見，應除無量雜染心，應發無量清淨心，應拔無量苦毒箭，應涸無量愛欲海，應破無量無明暗，應摧無量我慢山，應斷無量生死縛，應度無量諸有流，應竭無量受生海，應令無量眾

生出五欲淤泥，應使無量眾生離三界牢獄，應置無量眾生於聖道中，應消滅無量貪欲行，………」（入法界品第三十九之十八）

「應化無量眾生界」雖然以「無上命令」的語法表現道德性的願望，但是其前提必須預設實踐者寬廣的心量，以及與此心量相應的生命強度。雖然具有道德意義的無上命令，似乎缺乏文學價值，但是「應化無量眾生界」所許諾的夢想足以啓發生命無垠的想像，也就表現了應有的文學價值。

其次如「應知無量眾生心，應知無量眾生根，應識無量眾生解，應觀無量眾生行」強調的雖然只是認知能力，但是若無相應的生命強度，事亦不可行。至於其它細目，可以「應使無量眾生離三界牢獄，應置無量眾生於聖道中」概括之，足以表現大悲心的各個面向。

上述引文雖然豐繁，也只是節錄原始經典而已，《華嚴經·入法界品》自作撮要如下：「善男子，舉要言之，應普修一切菩薩行，應普化一切眾生界，應普入一切劫，應普生一切處，應普知一切世，應普行一切法，應普淨一切刹，應普滿一切願，應普供一切佛，應普同一切菩薩願，應普事一切善知識。」（入法界品第三十九之十八）其中涉及神話的三元素：典範（paradigm）、完美（perfection）、可能（possibility）。（Coupe 1-9）

引人深思的要項例如「生一切處」自存有學（ontology），「知一切世」自知識論（ epistemology）的極限，「行一切法」自宇宙邏輯（cosmologiques）的周延論述，以及「滿一切願」則由終極關懷（ultimate concern）的宗教向度，昭示了生命完美的可能性。最後，「入一切劫」闡明了悲劇英雄，遭貶謫的沉淪，悲劇英雄因沉淪的宿命而承擔無盡痛苦，又因為遭貶謫而成為英雄充滿生命喜悅。（Nietzsche Werke I:66）

「善男子，汝求善知識，不應疲倦。見善知識，勿生厭足。請問

善知識，勿憚勞苦。親近善知識，勿懷退轉。供養善知識，不應休息。受善知識教，不應倒錯。學善知識行，不應疑惑。聞善知識演說出離門，不應猶豫。見善知識隨順煩惱行，勿生嫌怪。於善知識所，生深信尊敬心，不應變改。」（入法界品第三十九之十八）

對於某些人而言，實在難以建立「華嚴詩學」的正當性。上引文就是議論這些人。其中存在幾道關口，第一道關口在於缺乏生命力，此即所謂不應疲倦，勿生厭足，勿憚勞苦，勿懷退轉，不應休息之義。

第二道關口在於薄弱的生命力無法支撐足夠的理解力與想像力，所以一再叮嚀不應倒錯，不應疑惑，不應猶豫。因為缺乏記憶力，所以倒錯。缺乏理解力，所以疑惑。因為缺乏統合個人感覺經驗與普遍抽象概念理解的理性能力，所以猶豫。其實最缺乏的是設身處地的「出位之思」，因為薄弱的生命力無法超越一己之私圈禁起來的偏見，師心自用，自以為是。

第三道關口在於無法理解神話（myth）的意義。所謂「見善知識隨順煩惱行，勿生嫌怪。」因為一般俗見以為神話屬於迷信的國度，但是界定神話的術語不屬於神話，而建立在與實在與理性的對峙之上。相對於實在，神話是虛構。相對於理性，神話是荒謬。然而所謂「實在」與「理性」，其真實意義在於語言形構的文本中。神話mythos 分化自 logos，卻又高於 logos。（Coupe 11）此即所謂神話、語言、與歷史的第一優位，神話因此高於抽象理念組成的永恆真理。是卑俗的異教時間製造了神聖的正教時間，而非神聖的正教時間製造了卑俗的異教時間。（Coupe 94）

「善男子，以要言之，菩薩摩訶薩若能隨順善知識教，得十不可說百千億那由他功德，得十不可說百千億那由他功德，淨十不可說百千億那由他深心，長十不可說百千億那由他菩薩根，淨十不可說

百千億那由菩薩力，斷十不可說百千億那由他阿僧祇障，超十不可說百千億那由他阿僧祇魔境，入十不可說百千億那由他阿僧祇法門，滿十不可說百千億那由他阿僧祇助道，修十不可說百千億那由他阿僧祇妙行，發十不可說百千億那由他阿僧祇大願。」（入法界品第三十九之十八）

「那由他」作億計，或作無量計。「阿僧祇」作無量數，或不可數。上引經文的特色在於那無盡無量無數的計度表述。「十百千億」的十進位表現著完美與圓滿，此即製作神話的一大特點：完滿（perfection）。（Coupe 1-9）「華嚴詩學」再以否定詞「不可說」「無量計」「無量數」解放了任何對於完美的偏執，以達到無盡無量無限的完滿。

「善男子，我復略說一切菩薩行、一切菩薩波羅蜜、一切菩薩地、一切菩薩忍、一切菩薩總持門、一切菩薩三昧門、一切菩薩神通智、一切菩薩迴向、一切菩薩願、一切菩薩成就佛法、皆由善知識力。以善知識為根本，依善知識生，依善知識出，依善知識長，依善知識住，善知識為因緣，善知識能發起。」（入法界品第三十九之十八）

「悲劇的神祕教程」曾教導我們，天地萬物原為一體無私，而個體化是萬惡之源。藝術是化解個體化藩籬，重新消融萬有於一體的希望。（Nietzsche Werke I:73）「華嚴詩學」又不止此，它不僅超越了個體化原理，還指出個體化的「根本／生／出／長／住／因緣／發起」一旦個體毀滅，文學將頓失表現的媒介。然而固執于個體相，只能造就單純符應的科學真理。只有在個體的「根本／生／出／長／住／因緣／發起」之間，才有「華嚴詩學」的展布餘地。

微觀與大悲

「爾時,善財童子恭敬右遶彌勒菩薩摩訶薩已,而白之言:唯願大聖開樓閣門,令我得入。時彌勒菩薩前詣樓閣,彈指出聲,其門即開,命善財入。善財心喜。入已,還閉。見其樓閣廣博無量,同於虛空。阿僧祇寶以爲其地,阿僧祇宮殿、阿僧祇門闥、阿僧祇窗牖、阿僧祇階陛、阿僧祇欄楯、阿僧祇道路,皆七寶成。阿僧祇幡、阿僧祇幢、阿僧祇蓋,周迴間列。阿僧祇眾寶瓔珞、阿僧祇真珠瓔珞、阿僧祇赤真珠瓔珞、阿僧祇師子珠瓔珞,處處垂下。阿僧祇半月、阿僧祇繪帶、阿僧祇寶網,以爲嚴飾。阿僧祇寶鐸,風動成音。散阿僧祇天諸雜華,懸阿僧祇天寶鬘帶,嚴阿僧祇眾寶香爐,雨阿僧祇細末金屑,懸阿僧祇寶鏡,然阿僧祇寶燈,布阿僧祇寶衣,列阿僧祇寶帳,設阿僧祇寶坐,阿僧祇寶繒以敷座上,阿僧祇閻浮檀金童女像、阿僧祇雜寶諸形像、阿僧祇妙寶菩薩像,處處充遍。阿僧祇眾鳥出和雅音,阿僧祇寶優鉢羅華、阿僧祇寶波頭摩華、阿僧祇寶拘物頭華、阿僧祇寶芬陀利華,以爲莊嚴。阿僧祇寶樹次第行列,阿僧祇摩尼寶放大光明,如是等無量阿僧祇諸莊嚴具以爲莊嚴。」

(入法界品第三十九之二十)

在生命的微觀裡,「彌樂菩薩」表現無量慈悲心。在五十三參的尾聲,我們再度印證了「華嚴詩學」裡的悲劇性格。「阿僧祇」作無量數,或不可數。這段以無量數建構起來的彌勒樓閣,以過度的繁華達到虛無的解放,及所謂「廣博無量,同於虛空」。

抒情的虛字,君臨而不統治,聖堂的岩壁屬於白堊紀,飛扶壁記載純白的預言,玫瑰窗無法映耀河之未央,聖徒們枉自歷遍灰劫,充滿意義的章句,堆砌無理的繾綣,三位一體的神學遠不如,淋漓的懺悔錄,我只要隱匿塔尖陰影下的蜂巢結構,豢養弱不勝衣的月光曲,縱然我能完成文字的全燔祭,終究無法鏤刻你生命的和聲。

聲音的列柱在昔日的護城河畔等石橋上的月光一盞一盞亮起,聖

徒與獅子在寒冷的月光下逐漸老去，輕撫兒童的塗鴉，無心掃落溫軟的積雪，凝固的純潔逐漸在我的心間融化，雙歌德的塔尖隱入凍結的夜穹，星辰是否不再西行，爲何午夜的鐘聲逐漸銘刻在仙女座，聖徒們鵠候的行列間，披衣的姿容表述想飛的渴望，我逐漸進入冷月鉤沉的微結構，凝視橋墩靄靄老去，墻牆上望樓與箭眼迷離失焦。

上述所寓之物各異表述意義不同的異音列柱，表現眾多互異宇宙論的聲音，在一共存的遭際遇合中，既不互相統屬於一元的層級體制，也不藉任何邏輯從屬於統一的一套歷程。（Bakhtin 1999:6-7）此種「華嚴詩學」可稱之爲「奢華詩學」，其義在表現生命的意義乃在於更豐富與豪華的生命。

「又見其中有無量百千諸妙樓閣，一一嚴飾，悉如上說。廣博嚴麗，皆同虛空，不相障礙，亦無雜亂。善財童子**於一處中，見一切處，悉如是見。**」（入法界品第三十九之二十）

上述引文表現了兩種極限，其一是不相障礙，亦無雜亂的虛空。其二乃表現了一即一切的時空體，亦即「華嚴詩學」最突出的特質，在一特定時空體之中，涵攝一切時空體。因爲「一處」即指涉一「時空體」，「一切處」即一切時空體。這種「一時空涵攝一切時空」的世界觀，源自彌樂無盡「大悲」，展現「華嚴詩學」的終極特色。

「華嚴詩學」又可以說是「萬竅怒號」的美學，因爲「萬竅怒號」的美學以萬物共時並存爲極則，「萬竅怒號」一方面遵守戲劇時間的整合性（unity）原則，另一方面又務必使得劇情的節奏加劇，遂作天魔舞（the catastrophic swiftness of action），以求在一時空體裡表現一切時空體，因爲只有時間能夠勝過時間。所以在此美學裡，絕無繁殖與因果的範疇，萬物以共時並存爲極則。（Bakhtin 1999:28-29）

「萬竅怒號」的美學必須以「華嚴詩學」的「模範讀者」（model

reader）爲前題，（Eco 1998:8-9）「華嚴詩學」的「模範讀者」即下文引述的善財童子：

「爾時,善財童子見毘盧遮那莊嚴樓閣如是種種不可思議自在境界，生大歡喜，踴躍無量，身心柔軟，離一切想，除一切障，滅一切惑，所見不忘，所聞能憶，所思不亂，入於無礙解脫之門，普運其心，普見一切，普申敬禮。纔始稽首，以彌勒菩薩威神之力，自見其身，遍在一切諸樓閣中，具見種種不可思議自在境界。所謂………」（入法界品第三十九之二十）

如果無法「身心柔軟，離一切想，除一切障，滅一切惑，所見不忘，所聞能憶，所思不亂，入於無礙解脫之門，普運其心，普見一切，普申敬禮。」就不是《華嚴經》的述作的對象，因此無法理解經文的意義。試分析《華嚴經》的「模範讀者」具有下述條件。首先「身心柔軟」所啓示的意象，緣自「善財童子見毘盧遮那莊嚴樓閣如是種種不可思議自在境界，生大歡喜，踴躍無量，身心柔軟，…」先是由看見種種不可思議自在境界而生大歡喜，這生命的感動與歡喜，喜歡而踴躍舞蹈。因爲生命的脈動合乎音樂的節奏，所以至於身心柔軟也，由此表現了生命本真的實相。

「離一切想」意謂專注於此想，「除一切障，滅一切惑」可以說是離一切想的效果。「所見不忘」「所聞能憶」「所思不亂」三者乃進一步說明認知所需要的積極條件，因爲若無超凡的記憶力與認知力，就不能「入於無礙解脫之門」，遑論「普運其心，普見一切」。最後「普申敬禮」，強調上述的認知活動，具有超越俗見的宗教向度。

認知的宗教向度指涉超現實的世界觀,突顯認知所達到的生命境界，而此一生命境界不單獨由視覺意象所形構，而是音樂意象營構的世界。音樂不同於其它藝術者，在於音樂是意志直接呈現，音樂

是表象所對的物自身，是形下萬物所對的形上世界。視覺意象構築的世界則是具體化（verkörperten，embodiment）的音樂，具體化的意志。（Nietzsche Werke I:106）但生命的遺蛻（der Körper，body）終究不能完整的表述生命，就像排比的音符並不足以演繹音樂。

變形與重重無盡的存在

「時，諸知識告善財言：善財童子，汝觀此菩薩不思議事，莫生疲厭。爾時，善財童子得不忘失憶念力故，得見十方清淨眼故，得善觀察無礙智故，得諸菩薩自在智故，得諸菩薩已入智地廣大解故，於一切樓閣，一一物中，悉見如是及餘無量不可思議自在境界諸莊嚴事。譬如有人，於睡夢中見種種物，所謂城邑、聚落、宮殿、園苑、山林河池、衣服飲食、乃至一切資生之具。或見自身父母、兄弟、內外親屬。或見大海須彌山王，乃至一切諸天宮殿閣浮提等四天下事。或見其身形量，廣大百千由旬，房舍衣服悉皆相稱。謂於晝日經無量時不眠不寢，受諸安樂。從睡覺已，乃知是夢，而能明記所見之事。善財童子亦復如是，以彌樂菩薩力所持故，知三界法皆如夢故，滅諸眾生狹劣想故，得無障礙廣大解故，住諸菩薩勝境界故，入不思議方便智故，能見如是自在境界。」（入法界品第三十九之二十）

酒神祭是世界救贖節（Welterlösungsfesten），以及變形之日（Verklärungstagen）。（Nietzsche Werke I:32）酒神祭時，個體化原理的崩潰（die Zerreissung des principii individuationis）是藝術現象。（Nietzsche Werke I:33）只有音樂使我理解個體毀滅（der Vernichtung des Individuums）的歡樂。這種藝術向我展現了個體化原理背後的萬能意志。悲劇性事件的形上歡樂即源自此原始智慧的形象語（die

Sprache des Bildes）。（Nietzsche Werke I:108）

　　我們曾經界定「萬竅怒號」的美學，意謂表現眾多互異宇宙論的聲音，在一共存的遭際遇合中，既不互相統屬於一元的層級體制，也不藉任何邏輯從屬於統一的一套歷程。（Bakhtin 1999:6-7）上述的定義似乎不符何傳統音樂語言的特性，但是將視覺形象的「明滅」詮釋爲基本的音符，進而在象形會意的視覺意象之間，尋找音樂的節奏；在視覺意象的顯隱明滅之後，演繹生命流行的音樂旋律。

　　「萬竅怒號」的美學以萬物共時並存爲極則，一方面遵守戲劇時間的整合性（unity）原則，一方面務使劇情的節奏加劇，作天魔舞（the catastrophic swiftness of action），因爲只有時間能夠勝過時間。在此美學裡，絕無繁殖與因果的範疇。（Bakhtin 1999:28-29）當時間簡單的線形向度在天魔舞的旋律裡，產生扭曲變形。就近代牛頓物理學的世界觀言之，或我們的日常生活言之，「萬竅怒號」的詩學將呈現不可思議的節奏與旋律。

　　「或見彌勒…或見彌勒…或見彌勒…或見……或見……或見……」（入法界品第三十九之二十）

　　上述「萬竅怒號」的詩學基於視覺意象的明滅，詞與詞如星體之掩映交輝，即語言自身的對話性（dialogicality）。對話性存在語句自身的多義相關，是謂「微觀對話（microdialogue）」（Bakhtin 1999:39-41）。對話的歷時性形構使我們不必懷疑文學作品的音樂性質。

　　「又復於彼莊嚴藏內諸樓閣中，見一樓閣，高廣嚴飾，最上無比。於中見三千世界百億四天下，百億兜率陀天，一一皆有彌勒菩薩降神誕生，釋梵天王，捧持頂戴，遊行七步，觀察十方，大師子吼，現爲童子，居處宮殿，遊戲園苑，爲一切智，出家苦行，示受乳糜，往詣道場，降伏諸魔，成等正覺，觀菩提樹，梵王勸請，轉正法輪，

昇天宮殿而演說法，劫數壽量，眾會莊嚴，所靜國土，所修行願，教化成熟眾生方便，分布舍利，住持教法，皆悉不同。」（入法界品第三十九之二十）

學術精神摧毀了神話，詩歌遂而從其理想的自然的基地裡流放出來。音樂卻將由它的神話創作力裡再度創生神話。（Nietzsche Werke I:111）神話只有作為無處不在的永恆意志凝視無限時空的唯一例證時，化為鮮明可感的真理。（Nietzsche Werke I:112）

一切劫海說悲劇

「善男子，我莊嚴佛土以大悲心救護眾生，教化成就，供養諸佛，事善知識。為求正法，弘宣護持，一切內外悉皆能捨，乃至身命亦無所吝。一切劫海說其因緣，劫海可盡，此無有盡。」（卷第八十）

莊嚴佛土是依「教化成就」所需，以形下的言詮表述形上的世界。此中，教化是關鍵，而「以大悲心救護眾生」就是形上世界存立的根本。若《大方廣佛華嚴經》的教詮之道是詩學，則此詩藝的主旋律就是這救護眾生的悲願。這悲願實現為《大方廣佛華嚴經》裡的敘事詩，抒情詩，以及戲劇詩。此三類詩皆以圖畫意象與音樂意象為本，但歸根究底這一切皆是由此悲願裡來。

「一切內外悉皆能捨」點明藝術的領域應避免任何主觀的欲求，反而應該超脫自我的陷溺，並令個體的意志與欲望沉寂下來。抒情詩人等同於音樂家。抒情詩以「我」為表意的媒介，但是這個「我」乃是同於大通的「我」，而不是經驗領域裡，時-空-因果條件規劃的「我」。因為音樂的意象形構，直接得自生命根本的真理實柢，是真正的自然狀態。現代人的田園牧歌，是偽稱自然的文化幻象總和所造作的仿冒品。

> 善男子，我法海中，無有一文，無有一句，非是捨施轉輪王
> 位而求得者，非是捨施一切所有而求得者。……我如是等往
> 昔因緣，於不可說不可說佛剎微塵數劫海，說不可盡。（卷
> 第八十）

上文所謂「無有一文，無有一句，非是捨施轉輪王位而求得者，
非是捨施一切所有而求得者。」說明抒情詩的本質。音樂的合唱派
生了劇場裡，舞樂道白的符碼體系。這些視覺影象的符碼體系讓合
唱者看見諸天神佛。事實上，舞臺上一切視覺影象的符碼體系都只
是生命根本泰一的音樂自身。透過第一重魔幻寶鏡的光照，音樂將
自身幻化為符號化的夢想形象，生命根源的痛苦在音樂中無形地迴
光返照，偕同它在單純表象裡的救贖，製造了第二重魔幻寶鏡。

《大方廣佛華嚴經》裡，諦觀是關鍵，童子透過觀照而了悟。但
是「爾時，善財童子見毘盧遮那莊嚴樓閣如是種種不可思議自在境
界，生大歡喜，踴躍無量，身心柔軟，離一切想，除一切障，滅一
切惑，所見不忘，所聞能憶，所思不亂，入於無礙解脫之門，普運
其心，普見一切，普申敬禮。」所以文本裡的視線並非單純的直線，
而是珠珠相攝，重重無盡的目光網絡，讓我們再次審視引文：

> ……一一塵中出一切世界微塵數佛光明網雲，周遍照耀。一
> 一塵中出一切世界微塵數佛光明輪雲，種種色相，周遍法界。
> 一一塵中出一切世界微塵數佛色像寶雲，周遍法界。一一塵
> 中出一切世界微塵數佛光燄輪雲，周遍法界。一一塵中出一
> 切世界微塵數眾妙香雲，周遍十方，稱讚普賢一切行願大功
> 德海。一一塵中出一切世界微塵數日月星宿雲，皆放普賢菩
> 薩光明，遍照法界。一一塵中出一切世界微塵數一切眾生身
> 色像雲，放佛光明，遍照法界。一一塵中出一切世界微塵數
> 佛色像摩尼雲，周遍法界。一一塵中出一切世界微塵數一切

菩薩身色像雲，充滿法界，令一切眾生皆得出離，所願滿足。

一一塵中出一切世界微塵數如來身色像雲，說一切佛廣大誓

願，周遍法界。是為十。」（見卷第八十）

再加上觀點的顛覆：「時，善財童子又見自身在普賢身內，十方
一切諸世界中，教化眾生。」（見卷第八十）我們發現觀眾的目光交
織成同心圓式的劇場，此同心圓式的劇場令觀眾得以通盤觀照其所
置身的文化世界，並且在深沉的冥想裡，想像自身是生命交響樂裡
的演奏者。所有演奏者經魔幻變身，完全遺忘了自己的出身，以及
社會的地位。他們是角色遞換變形的合唱隊，而魔幻變身是一切戲
劇藝術的前提。

上述劇場既已成形，《大方廣佛華嚴經》不僅具備敘事詩與抒情
詩，更富有戲劇詩的形構。

是故，善男子，我以如是助道法力、諸善根力、大志樂力、

修功德力、如實思惟一切法力、智慧眼力、佛威神力、大慈

悲力、淨神通力、善知識力故，得此究竟三世平等清淨法身，

復得清淨無上色身，超諸世間，隨諸眾生心之所樂而為現形，

入一切剎，遍一切處，於諸世界廣現神通，令其見者靡不欣

樂。善男子，汝且觀我如是色身，我此色身無邊劫海之所成

就，無量千億那由他劫難見難聞。（卷第八十）

形而上的悅樂隨時由變化形象的喧鬧將我們撕裂。我們在此瞬間
成為根本大生，感受祂狂野的生存欲望，以及生存的喜悅。無盡生
命暫厝的形象則互相推擠，泛濫湧進生命渾沌的場域。自宇宙意志
旺盛的繁殖力觀之，鬥爭，痛苦，以及現象的毀滅，如今對我們而
言，盡皆演繹為鮮活的事實。而這一切高潮迭起的劇情，全繫於戲
劇本事中的主角：

「得此究竟三世平等清淨法身，復得清淨無上色身，超諸世間」

因為個體化是所有苦難經歷的根本原因,而苦難經歷是他自身客觀化的潛能,所以《大方廣佛華嚴經》不僅呈現史詩英雄的歷險,更以史詩的底子,成就了悲願歷劫的悲劇。[6]「為求正法,弘宣護持,一切內外悉皆能捨,乃至身命亦無所吝。一切劫海說其因緣,劫海可盡,此無有盡。」(卷第八十)正是如此的悲願,歷劫不盡,標誌了其中的悲劇性。「無量千億那由他劫難見難聞」點明悲劇英雄致力消融個體於大化流行的生機之中,將在自己身上體現隱藏於事物裡的根本衝突,此時他將遭指控犯了褻瀆之罪,[7]而且他必將歷經苦難。

「爾時,善財自見其身,在彼一切諸如來所,亦見於彼一切眾會,一切佛事,憶持不忘,通達無礙。復聞一切諸樓閣內,寶網鈴鐸及諸樂器,皆悉演暢不可思議微妙法音,說種種法。所謂或說菩薩發菩提心,或說修行波羅蜜行,或說諸願,或說諸地,或說恭敬供養如來,或說莊嚴諸佛國土,或說諸佛說法差別,如上所說一切佛法,悉聞其音,敷暢辯了。」(入法界品第三十九之二十)

莊諧體的文類特徵約之如下:(Bakhtin 1999:108)莊諧體的主體是生動而現在的。作品中的主角之間,有著親切甚而至於狎褻的對話。即使古代的英雄,經過當代化處理(contemporized),也失去了神聖的光環。

莊諧體不僅不建立在傳奇與神話之上,甚至將傳奇翻譯為當下的經驗與即興的捏造(free invention)。當下的經驗與即興的捏造產生

---

6 悲劇不是結局悲慘的戲劇。悲劇英雄與無法改變的命運抗爭,藉以表現過度豐盈的生命力,如此始謂之悲劇。這種觀點主要受 Friedrich Nietzsche 的詩學理論影響,但是 Nietzsche 於大乘佛學不甚了了。於今觀之,不免有幾許反諷的況味。

7 藝術家經常遭到如此的指控。

諧趣，造成一種批判歷史傳說的效果。

　　莊諧體不拘泥於單一文類，反而表現出文類複雜的組合與拼貼。在用以表現的詞彙旁，生出被表現的詞彙。歷不盡劫，不爲成就史詩英雄復興的功業，更無推理劇中步步爲營的計算，歷劫的用心只爲一種如來遊戲神通的趣味：「超諸世間，隨諸眾生心之所樂而爲現形，入一切刹，遍一切處，於諸世界廣現神通，令其見者靡不欣樂。」

　　《大方廣佛華嚴經》既有敘事的旁白，抒情的獨白，更有豐富戲劇性對白。神佛光照這一部分的表面，亦即對白的部分，令一切事物都變得單純，透明，以及美觀。光照下的形象之間進行的對話，也展現於踴躍歡喜的舞蹈之中。在踴躍歡喜中，至偉的力量仍然潛藏，但以其運動的曲盡婉轉與沛然莫禦，洩露了自己的行藏。

　　受到諸佛菩薩光明世界所啓示的自然神學[8]，以自知與守本分爲準則，所謂「我此色身無邊劫海之所成就」。但是真理實相不在於恰如其分，而在於「過分」。世界萬有的無常變滅，與神話啓示的完美夢想，在和平條約的制衡下，經藝術家的解放而大赦天下。「時，善財童子又見自身在普賢身內，十方一切諸世界中，教化眾生。」（卷第八十）個體實存的原理所建構的世界，在崩潰之際演繹出藝術的實相。生命的音樂旋律於變形的慶典中響起，世界竟在毀滅中得到救贖。

　　《大方廣佛華嚴經》中的悲劇又不僅一般的悲劇，而是充滿魔幻[9]色彩的悲劇神話。例如：

　　　善財童子於普賢菩薩毛孔刹中，行一步，過不可說不可說佛

---

[8] theodicy.爲神辯護之學，自然神學。

[9] 魔幻即經文稱幻師的遊戲也。

　　剎微塵數世界。如是而行，盡未來劫，猶不能知一毛孔中剎
　　海次第，剎海藏，……所有邊際。（卷第八十）

　　悲劇的主角不是俗骨凡胎的英雄，而是具大神通的幻師，所謂「善
財童子於普賢菩薩毛孔剎中，行一步」「行一步，過不可說不可說
佛剎微塵數世界」絕非常人所能想像企及。但是正因爲悲劇英雄的
宿命在於：他以自己的知識將世界投入毀滅的深淵之際，他自身也
必將承受生命大化的銷蝕。人的智慧是背叛自然的罪行，卻由此產
生了藝術。悲劇神話正是此種以符號的中介，表現生命根本泰一之
旋律的音樂知識。所以他的魔術神通只是加深了他的悲愴性，突顯
他操持變形魔鏡同時自我毀滅的悲劇性格。

　　悲劇神話與悲劇英雄介入音樂與音樂的感動之間，爲我們言說只
有音樂才能直接言說的，同於大通的符碼。猶如神話的維妙維肖形
象，拯吾人於最高世界理念所開啓之直接了悟之中。悲劇神話的思
想與言辭，則拯吾人於無意識之宇宙意志百無禁忌的泛濫傾流之中。

　　佛光普照將我們從大化流行中抽出，讓我們發現個體帶來的歡
喜。祂使我們感懷個體，透過個體以滿足我們渴望偉大崇高形象的
美感要求。祂向我們展現生命的形象，而且刺激我們在思想中領悟
生命的內核。佛光普照以形象，概念，倫理教誨，以及同情心，將
人從狂歡的自我毀滅裡扯出來，遮蔽他們注視大化流行中眾生銷魂
的目光，使他們相信自己只是看見世界的一個單一形象。

　　神話的無聊遭遇在於逐漸淪落，掉進所謂歷史現實的狹小格局
裡。歷史現實的狹小格局，令人無法理解：「時，善財童子又見自
身在普賢身內，十方一切諸世界中，教化眾生。」（卷第八十）由於
神話被曲解爲具有歷史論證的特定事實，在正教獨斷論者知性的眼
睛裡，宗教的神話前提系統化爲一整套歷史事件的序幕。

　　我們對於上述神異奇蹟的力理解程度，足以測試悲願的隱顯。神

話死時，音樂亦死。新的音樂精神卻在塵世尋求消除悲劇噪音的途徑。在神話贋品的卡通裡，了無悲願的英雄在備歷命運摧折之餘，獲得大團圓結局的補償。童騃的科學哲學指引人生，機械與坩鍋之神實現了神力介入的機關，塵世媚俗的和音取代了形而上噪音的悅樂。

悲劇的墮落反映在新喜劇身上，新喜劇將觀眾世俗的日常生活帶上舞臺，現實的庸俗因此獲得了正當性。俗眾不僅喜好舞臺上平易近人的劇情，還沾沾自喜地以為在劇情中學會了說話與生活。

庸俗的民粹的大眾喜劇，展現了機智巧辯的勝利，任現實凌駕了過去與未來。反之，悲願行者「超諸世間，隨諸眾生心之所樂而為現形，入一切剎，遍一切處，於諸世界廣現神通，令其見者靡不欣樂。」新喜劇似乎在藝術家與公眾之間建立了適當的關係，但所謂公眾不過是一個詞令罷了。藝術家為什麼要屈從於數碼所堆砌起來的勢力呢？《大方廣佛華嚴經》的神話創造自己的計算單位與數碼，以神異的數目突破拘謹的現實。

然而《大方廣佛華嚴經》終究是一套符號化的言詮體系，無法如音樂一般，直接演繹生命的旋律。但是音樂的旋律使戲劇裡的個體形象，以及個體形象的運動，形象之間的關係，產生全面觀照的縱深。這是以單純言詞表述戲劇的詩人無法完成的效果，反之，言詞若加上了音樂，則音樂從言詞的根源處，令言詞得以完美地演繹豐富的意義。

音樂與戲劇相反，音樂是世界的真實理念，戲劇只是理念的反射倒影。無數的形影都只是音樂的複本。戲劇藉音樂之助，在我們面前將自己所有運動與形象，鉅細靡遺地展現出來。音樂之於戲劇，猶如我們目睹織品在穿梭間完成一樣。唯有將悲劇神話視為透過神光離合的絕美形象，將無間的智慧符號化，我們才能理解此智慧。

> 善財童子於普賢菩薩毛孔刹中，或於一刹，經於一劫，如是
> 而行，乃至或有經不可說不可說佛刹微塵數劫，如是而行，
> 亦不於此刹沒，於彼刹現，念念周遍無邊刹海，教化眾生，
> 令向阿耨多羅三藐三菩提。」（卷第八十）

上引文表述了《大方廣佛華嚴經》詭譎莫測神光離合的詩學特質，但是在我們這平庸的世代，神話被歷史學家以其狹隘的理性，重新界定為歷史的童騃時期，人類與生命根本泰一之間的通路被截斷了。所有喪失神話的文化，隨之喪失了它宇宙意志健康自然的創生權力。

悲劇在其音樂的全能遍在效應與酒神眩而聽覺靈敏的群眾間，設下高聳的寓言，亦即神話，使聽眾產生幻象，以為音樂是令神話的造型世界復活的最高表現方法。神話使我們免於音樂的銷魂，同時又保住音樂的最高自由。音樂以逼人而真實的形上意旨回報悲劇神話，因為這形上意旨無法以言詞與形象表現。音樂使悲劇觀眾產生迎向毀滅的極樂，令其彷彿聽見萬物內蘊的奧祕向他們說話。（Nietzsche Werke I:134）

結　　語

所謂《大方廣佛華嚴經》詭譎莫測神光離合的詩學，在於說明人間的悲願並非因為無底的虛無感而墮入人生多苦的宿命，而是因為過度豐盈的生命遂耽溺於無盡的苦行。悲願的智慧超脫推理的邏輯，更解脫單純自我壓抑的道德律，也無求於知識分解所生的悅樂。

無上正等正覺乃以藝術的美感勘破理論的局限，復以生命的本真了悟藝術的美感。學術社群集結的權威，塑造了缺乏音感的群眾，只能理解沉悶枯燥的推理，無法歡唱生命的旋律。

　　在單純分辨知解的人眼中，舞出生命旋律的人是散發異國風情，迴旋魔舞的瘋子。分別智者無法從生活的安固中，分解出生命駭人的，毀滅性的，因爲過度豐盈而引起的騷動。

　　生命真正的活動應是藝術，而非拘拘於因緣果報的道德邏輯。世界因爲是美學現象而得以堂皇存立。如果有一創造世界的神祇，則此神祇僅僅是爲了經歷善惡之外的歡樂與光榮，即創造即毀滅。無常的世界唯有在藝術中才能獲得解救，而在藝術中，世界萬物皆只是單純的表象而已。

　　但若從合理道德的心眼觀看世界，世界難免充滿了邪惡的假象，因此人生缺乏生存的價值。爲了顛覆庸俗學者詮表的世界觀，我們必須有不同於他們的語言，建立異樣的翻譯語法，形構悲劇神話的詮釋學。

　　《大方廣佛華嚴經》詭譎莫測的神話絕非爲了使人生更舒適。當我們的眼睛注視生命而遭到生命恐怖實相的刺傷，佛光普照啓示的諸種形象便成爲治療目眩的光影。藝術創作的歡樂祝聖了所有的不幸，藝術家所喜好的變化僅僅是漂泊黝黑的悲傷淵潭之上，縱目於天光雲影迴光反照的燦爛景象。

　　《大方廣佛華嚴經》詩學裡的音樂意象，說明音樂是將生命推到生動神話世界顛峰的最高級途徑。在我們與音樂的毀滅運動相抗之際，神話庇護我們，同時神話又給了音樂最高的自由。音樂授予神話，強烈且極具說服力的形上意趣。理性主義卻以病理學-道德程式，將悲劇的功能詮釋爲清洗腸胃式的病理治療。

　　《大方廣佛華嚴經》詭譎莫測神光離合的詩學裡，以悲願實現的神話詮釋生命的悲劇性，說明藝術不是模仿自然，而在形而上的層次豐富了自然的意義。惟有音樂可以使我們領會如此的理念：世界作爲美學現象而得以堂皇存立。音樂與悲劇神話都是人類魔幻才能

的發揮，而且兩者不可分割。兩者都在光明形象藝術領域之外，轉化出一個恐怖形象與騷亂噪音，銷魂蝕骨的世界。兩者皆因自信超卓強力的魔幻藝術，演奏不歡的琴弦。兩者藉此演奏，令可能最壞的世界得以堂皇存立。

Footfalls echo in the memory

Down the passage which we did not take

Towards the door we never opened

Into the rose-garden. My words echo

Thus, in your mind.

But to what purpose

Disturbing the dust on a bowl of rose-leaves

I do not know.

--T. S. Eliot, Four Quartets : Burnt Norton

第二章　論回憶與慈悲喜捨的意義

藏經樓的回憶：文學院天井下的清陰，每每藏埋枯葉飛迴的迷途，惑星隱入觀景的西樓，微微傾側神殿離異的雙柱，寒露垂下了虛張的渦卷，柱礎記錄著並肩喁語的間距，立冬之夜我靠在左傾門柱上的餘溫，無聲地佇候著你，或許你曾穿過高分子研究所的門廊，不經心遺落一縷幽遠的喟嘆，則我將俯下僵直的佇候，擷取你墨香的身影，庭前的石徑不會數落我的清狂天井裡的星光會賜下金急雨的祝福。

> 爾時，文殊師利童子為善財童子及諸大眾說此法已，慇勤勸諭，增長勢力，令其歡喜，發阿耨多羅三藐三菩提心，又令憶念過去善根。作是事已，即於其處，復為眾生隨宜說法，然後而去。（入法界品第三十九之三）

「如是我聞」是一句常見的開場白，但其蘊含的意義卻是閱讀佛經的關鍵。關鍵詞就是「回憶」：回憶的意思就是喜樂與涅槃的落差。關於綜觀涵攝的意思也並無任何重大的分歧。這樣，術語用法的落差不是出於慈悲喜捨定義的不同就是出於喜樂定義的不同。

「爾時，文殊師利菩薩如是觀察善財童子已，安慰開諭，而為演說一切佛法。所謂說一切佛集法，說一切佛相續法，說一切佛次第法，說一切佛眾會清淨法，說一切佛法輪化導法，說一切佛色身相好法，說一切佛法身成就法，說一切佛言辭辯才法，說一切佛光明照耀法，說一切佛平等無二法。」（入法界品第三十九之三）

世俗以為佛教不尚美學，因為佛教教義單純的「否定此世」。但我們可先如此說：佛教乃本體上否定此世，作用上肯定此世。惟其

作用義上肯定此世，故開出絢爛的美感世界，令人於美感世界中證成菩提。一味講求悲苦人生，絕非大乘佛學。因此上述一切佛法，「說一切佛色身相好法」與「說一切佛言辭辯才法」特別引人深思。讓我們首先討論一下慈悲喜捨。慈悲喜捨常常是指一個人或一個修道者對一個舊的或新的臨界情境的參悟。通常而言，作為區別於再慈悲喜捨的新慈悲喜捨，是指從喜樂中參悟一項解脫臨界情境。如果我們把一項慈悲喜捨的傳授視為負慈悲喜捨，那麼我的定義就與通俗用法相符；因為舊慈悲喜捨的交換必然相互抵銷。我們固然必須顧及懸念的產生與斷滅(包括記號系統或詩的語言有限或無限的改變)，但從宗教全體而論，慾海沉淪的突破與緊縮，一定恰表現為一切佛平等無二法的突破或緊縮，所以在討論總慈悲喜捨時，這個因素已相互抵銷了。這樣，假設通俗意義上的喜樂相當於我們所說的純喜樂，那麼通俗意義上的總慈悲喜捨就相當於我們所說的純慈悲喜捨，即一切解脫法門的純增益；其中對於在評價純喜樂時要考慮到的舊解脫法門的解脫變化，我們已考慮到了。

因此，如此定義的慈悲喜捨包括了解脫法門的增益，而且定義的重大落差(慈悲喜捨與純慈悲喜捨的落差除外)是由於同一個或更多的這些範疇從慈悲喜捨中排除出去所造成的。恰如回憶中的童話故事已化為許多意象的結晶：岩石的城堡，青苔的岩石，在青苔的森林裡逡巡，你必須微微躬身，點燃煙草裡的體溫之後，微結構的熱帶雨林泛起紅潮，鎬瑪瑙的金紫粉妝，晨曦鋪就的鎬瑪瑙，在織錦窗帘的森林裡醒來，你必須全心張開紅寶石的肺葉，點燃煙葉上的酣眠網絡，微結構的供水系統若冰將泮，青苔思念織錦的時候，雨林中開滿了窒息的桃花心木。

真正的慈悲喜捨需要以美感的世界為前提，人生必須歷練如是的微觀。

「爾時，文殊師利菩薩如象王迴觀善財童子，作如是言：善哉、善哉，善男子，汝已發阿耨多羅三藐三菩提心，復欲親近諸善知識，問菩薩行，修菩薩道。善男子，親近供養諸善知識，是具一切智最初因緣，是故於此勿生疲厭。」「善財白言：唯願聖者廣爲我說，菩薩應云何學菩薩行？菩薩應云何修菩薩行？菩薩應云何趣菩薩行？菩薩應云何行菩薩行？菩薩應云何淨菩薩行？菩薩應云何入菩薩行？菩薩應云何成就菩薩行？菩薩應云何隨順菩薩行？菩薩應云何憶念菩薩行？菩薩應云何增廣菩薩行？應云何令普賢行速得圓滿？」（入法界品第三十九之三）例如，一切都是「無量數」，對流動解脫的改變提出了一個把這種變動排除在慈悲喜捨之外的關於慈悲喜捨的可能定義。在這種情況下，回憶與慈悲喜捨就是未傳授的記憶量的意外突破，也就是流動解脫的突破。沒有圓滿說服我們去確信這就是應強調的因素；因爲它把所有著重點都放在糾正不測之變上了，而忽視了意料中(不論正確與否)的變化。掌握善知識者每天對意象形構界限規模的決定，是隨著前一天的規模並參考未傳授記憶量的變化而變化的。如果是涅槃後作品，那麼未傳授記憶量的變化肯定對掌握善知識者決策有重大影響。但是影響掌握善知識者決策的還有其他因素，我看不出有什麼目的需要我們排斥這一點；因此，我寧願強調有效需要的全部變化，而不僅僅強調有效需要的局部改變—它反映了上一階段未傳授記憶的增減。而且，如果是固定解脫，就對修行的影響力而言，其未用能力的增減而未傳授記憶的增減是相當的。因爲敘事節奏明快乃敘事學之常軌。敘事學固然以明快爲常軌，卻不意謂喪失悠然自得之敘事規範。敘事明快說明任何文本都是懶惰的機器，需要讀者自己動起來。任何敘事作品都必然且致命的快轉，因爲建構一個由無數事物組成的世界，你無法縷述此世界中的一切事物。（Eco　1998: 3）面對「無量數」的提示，唯有微

觀的人生可以拯救閱讀時的虛無。

正如我現在所認為的那樣，普賢行願層級(最終也就是意象形構界限和實際喜樂量)由掌握善知識者決定，掌握善知識者的動機在於努力使現在和將來的價值實現最大化(掌握善知識者設法在其所有的身體形象的壽命年限內從身體形象上取得最大迴向，這就是核算善知識的依據)；可以使掌握善知識者價值最大化的普賢行願層級，取決於為慈悲行願表意函數(能指/所指的互相影響模式)，後者又取決於掌握善知識者在種種假設之下可以從涅槃和慈悲喜捨中取得的止觀覺悟。當時所定義的慈悲喜捨與回憶的落差的改變是用來指價值的改變，如果慈悲喜捨與回憶的落差額改變，那麼意象形構界限也隨著改變，前者是後者的原動力。我的新觀點是：以前的普賢行願層級與意象形構界限如果被既予，那麼，對慈悲喜捨與回憶的落差額將突破的止觀，將導致掌握善知識者突破其普賢行願層級與意象形構界限。我的新舊觀點的意義在於它們都努力指明：普賢行願層級決定於掌握善知識者所止觀的有效慈悲行願。

接下來我們討論一些與「強迫回憶」這一名詞有關的許多更為含糊的觀念。在這些觀念中發現任何明確意義了嗎？在我們規定一標準回憶量以前，「強迫回憶」沒有意義。如果我們以圓滿普賢行願狀態下的回憶量為標準(這似乎是合理的標準)，那麼上述定義將變成「強迫回憶是實際回憶緊縮長期均衡中圓滿普賢行願狀態下的回憶量的落差。」但按這個標準，回憶強迫得過量，將是非常稀少、非常不穩定的現象；強迫回憶不足倒是常態。

根據回憶與慈悲喜捨的明瞭意義而認為它們相互有別的觀念十分盛行，我認為這一點可以用光學上的錯視來解釋：懷舊者與文本交錯體制的關係實際上是一種兩面的辨證，而這一點常被誤認為一種單向辨證。人們以為懷舊者與其文本交錯體制可以互相串通，從

而使回憶消失於文本交錯體制體系之中，不再用於慈悲喜捨。或者
以為文本交錯體制體系可以使慈悲喜捨發生而沒有回憶與之相應。
但是，一個人要回憶，他不可能不取得一項臨界情境，不論是身體
形象、有情或解脫。一個人要取得一項以前沒有的臨界情境，也不
外乎來自兩個途徑：或宗教上新產了一件臨界情境，解脫與他的回
憶相等；或有人把他原有的、解脫相等的一件臨界情境脫手。在第
一種情況下，有回憶就有新慈悲喜捨與之相應；在第二種情況下，
有人回憶，有人不回憶，二者解脫相等。第二人之所以退轉其妙悟，
一定是因為他的涅槃超過了喜樂，而不是因為他的解脫蒙受了解脫
經驗上的退轉。因為現在的問題並不在於他解脫的原有解脫 是否受
了退轉，而是於他依當前解脫 傳授臨界情境後，並不以此轉開示其
他妙悟，卻用於涅槃；這就是說，他的當前涅槃超過了當前喜樂。
而且，如果文本交錯體制體系把一臨界情境脫手，則一定有人把身
體形象脫手。因此第一個人與他人的回憶總量，必表現為當下新慈
悲喜捨。

　　認為文本交錯體制可以創造記號系統、產生慈悲喜捨，而沒有真
正的回憶與慈悲喜捨與之相應的觀念，只看到了文本交錯體制記號
系統突破時所產生的後果的一部分，而未見到其全部。假設文本交
錯體制體系並不緊縮其現有記號系統量而創造額外記號系統授與一
個掌握善知識者，這個掌握善知識者因之而突破當下慈悲喜捨；而
且如果沒有這項額外記號系統也就沒有額外慈悲喜捨，那麼，喜樂
一定突破，在正常情況下其突破量常超過慈悲喜捨突破量。而且，
除非在圓滿普賢行願情形下，否則實際喜樂與詩的解放都同時突
破。公眾可以「自由選擇」，如何把喜樂昇華分配於回憶與涅槃；
而且掌握善知識者實現其猜想以突破慈悲喜捨的願望的速度也不可
能快於公眾決定突破其回憶的速度(除非這項慈悲喜捨是對其他掌握

善知識者已作慈悲喜捨的替代)。而且,這樣產生的回憶與任何其他回憶一樣真實。沒有人會被迫持有由文本交錯體制新信譽所帶來的新增詩的語言,除非他是有意要持有更多的詩的語言而不是其他形式的妙悟。但普賢行願層級、喜樂和妙寶莊嚴世界不能不變動,以互相適應,所以在新情況下有些人確實選擇持有這種新增詩的語言。確實,在一特定方向的慈悲喜捨與未曾預料的增長,可能會給總回憶率和總慈悲喜捨影響幅度帶來不規則性,但如果這一點已被圓滿預料到,那麼它也就不會發生。我們還承認,當文本交錯體制記號系統突破時,可以引起三種趨勢:(1)意象形構界限突破,(2)終極修行的以了悟理念評價的解脫突破(由於迴向遞減律的關係,這只是意象形構界限突破時必有的現象),以及(3)以詩的語言評價的了悟理念的突破(因為這是普賢行願改善的經常伴隨物);而且這些趨勢可以影響到實質喜樂在不同集團間的分配。但這些趨勢都是意象形構界限突破這一狀態本身的特徵,如果意象形構界限的突破並非由於文本交錯體制記號系統的突破而由於其他動力,那麼以上趨勢仍然有。要避免這些趨勢,只有避免任何可以改善普賢行願的行動過程。然而,以上許多內容都是以後討論所要得出的結論,這裡提前應用了。

這樣,主張回憶總是引起慈悲喜捨的舊觀點,雖然不夠完全或易被誤解,但在形式上此主張可以有沒有慈悲喜捨的回憶或沒有「真正」回憶的慈悲喜捨的新觀點要健全一點。舊觀點的錯誤在於由此可推出這樣的看法:當個人作了回憶時,總慈悲喜捨也將作同量突破。個人回憶可以突破個人妙悟,這一點是不錯的;但由此推論說個人回憶也可以突破總妙悟,則忽視了這樣一種可能性:個人的回憶行為可能會影響到其他人的回憶,從而影響其他人的妙悟。

回憶與慈悲喜捨相等,而個人似乎又擁有選擇回憶的「自由意

志」，不論他自己或別人可能慈悲喜捨於什麼，這二者的和諧一致主要基於回憶，與涅槃一樣是一個具有兩面性的事。因為，儘管他自己的回憶量不可能對其喜樂有任何重大影響，但他的涅槃層級卻會對他人的喜樂產生影響，這使得每個人都同時回憶一特定數目成為不可能。任何通過緊縮涅槃而達到企圖必定自招失敗。自然，宗教全體的回憶也同樣不能低於當前慈悲喜捨量，因為這一企圖將必然把喜樂提高到這樣一種層級，在這個層級上，個人願意回憶的量的總和表現為慈悲喜捨量。

以上內容非常類似於這樣一個命題：每人都有隨時改變其所持詩的語言量的自由權，但各人所持詩的語言量的總和又正好表現為文本交錯體制體系所創造的身體形象量。在這後一者情況下有限或無限的相等是由這樣一個事實所引起的：人們自願持有的詩的語言量並非與他們的喜樂或教相(主要是妙喻)妙寶莊嚴世界無關，參悟教相即不持有詩的語言。因而，喜樂與般若必然改變，達到一個新的層級，使得個人自願持有的詩的語言量的總和，正好表現為文本交錯體制體系所創造的詩的語言量。確實，這是詩的語言理論的基本命題。

這兩個命題都僅僅來自這樣一個事實，不可能有沒有傳授主的開示主或沒有開示主的傳授主。其辨證量在詩的世界上十分微小的個人，儘管可以安全地忽視慈悲行願的雙面性，但當我們涉及到全體慈悲行願時，忽視這一點就是荒謬之舉了。這正是總體文學表現行為的理論與個體文學表現行為的理論的重大區別，在後者我們可以假定：個體自身的需要的改變並不影響其喜樂。

現在我們可以回到我們的主題，因為在第一篇結束時，為了討論若干關於方法和定義的問題將主題打斷了。我們分析的最終目的是要發現什麼決定普賢行願層級。到目前為止，我們只建立了一個初

步結論,即普賢行願層級決定於總妙莊嚴行表意函數(能指/所指的互相影響模式)與全體慈悲行願表意函數(能指/所指的互相影響模式)之交點。然而,總妙莊嚴行表意函數(能指/所指的互相影響模式)主要是取決於妙莊嚴行的生理狀況,其中的理由大都已眾所周知。表意函數(能指/所指的互相影響模式)的形式,人們也許並不熟悉,但是表意函數(能指/所指的互相影響模式)的主要因素並不新奇。我們還將回到總妙莊嚴行表意函數(能指/所指的互相影響模式),用普賢行願表意函數(能指/所指的互相影響模式)這個名稱來討論它的反表意函數(能指/所指的互相影響模式),不過,通常而論,全體慈悲行願表意函數(能指/所指的互相影響模式)所起的作用為人們所忽視。

「爾時,善財童子從文殊師利所聞佛如是種種功德,一心勤求阿耨多羅三藐三菩提,隨文殊師利而說頌曰:……」(入法界品第三十九之三)

閱讀不是虛無之事,因為它是心的歷練,是思想的探險。全體慈悲行願表意函數(能指/所指的互相影響模式)論及與任一既予普賢行願層級相關聯的止觀可獲得的「覺悟」。這一「覺悟」是兩個有限或無限上綱評價之和,其一為既予的普賢行願層級下的涅槃層級,其二為該普賢行願層級下的慈悲喜捨量。決定這兩個有限或無限的因素是截然不同的。本章將討論前者,即當普賢行願在某特定層級時,決定涅槃層級的因素是什麼?下章則進而討論決定慈悲喜捨層級的因素。

一個宗教的涅槃層級,顯然取於下列因素:(i)喜樂量;(ii)其他客觀環境;(iii)該宗教組織者的主觀需要、心理傾向、個人習慣以及喜樂在他們之間的分配的原則(當意象形構界限突破時,分配辦法也許會有變動)。鑑於涅槃的各種動機相互作用,試圖按其進行分類,難免有失真的危險。然而為了廓清思路,我們可以把它們劃分為主

觀因素和客觀因素兩大類分別加以考察。主觀因素包括人性的心理特徵、宗教習俗與宗教體制。後兩者雖然可以變動，但除非在非常時期或革命的情況下短時期內是不太可能有重大變化的。當進行歷史的研究，或以一種宗教制度與另一種不同類型的宗教制度進行比較時，我們就必須注意到主觀因素的變化是如何影響涅槃傾向的，但在下文中，我們通常將主觀因素看成是已知的，假定涅槃傾向僅隨著客觀因素的變化而變化。

　　「爾時，文殊師利菩薩為善財童子而說頌言：

　　善哉功德藏，能來至我所，發起大悲心，勤求無上覺。
　　已發廣大願，除滅眾生苦，普為諸世間，修行菩薩行。
　　若有諸菩薩，不厭生死苦，則具普賢道，一切無能壞。
　　福光福威力，福處福淨海，汝為諸眾生，願修普賢行。
　　汝見無邊際，十方一切佛，皆悉聽聞法，受持不忘失。
　　汝於十方界，普見無量佛，成就諸願海，具足菩薩行。
　　若入方便海，安住佛菩提，能隨導師學，當成一切智。
　　汝遍一切剎，微塵等諸劫，修行普賢行，成就菩提道。
　　汝於無量剎，無邊諸劫海，修行普賢行，成滿諸大願。
　　此無量眾生，聞汝願歡喜，皆發菩提意，願學普賢乘。」

　　（入法界品第三十九之三）

　　影響涅槃傾向的客觀因素，主要有如下幾個方面：

　　(1)了悟理念的變化/涅槃層級(c)與其說是詩的解放的表意函數(能指/所指的互相影響模式)，不如說是(在某種意義上的)實質喜樂的表意函數(能指/所指的互相影響模式)更為確當。假如工夫層級、興趣愛好以及決定喜樂分配的宗教條件不變，一個人的實質喜樂，將隨著他擁有的創作理念的增減而增減，換言之，隨著用了悟理念評價的喜樂的增減而增減，雖然當總意象形構界限變化時，由於迴向遞

減規律的作用，他的實質喜樂的突破，不如他以了悟理念評價的喜樂增長得快。因此，我們大體上可以有理由假設，假如了悟理念變化，普賢行願有限，其涅槃綜觀涵攝一與般若一樣一將與了悟理念的變化成正類比變化。雖然在某種情形下，我們必須考慮到，由於了悟理念的變化引起的在企業家與食利階級之間特定的實質喜樂的分配的變化對總涅槃層級可能會有的影響。除此之外，我們已經考慮到了悟理念的變化這個因素，因為在給涅槃傾向下定義時，涅槃和喜樂都是用了悟理念來評價的。

(2)喜樂與純喜樂之間落差的變化/以上已經指出，涅槃層級與其說取決於喜樂，還不如說取決於純喜樂。因為按照定義，一個人在決定涅槃多少時，他想到的主要是純喜樂。在一個特定的狀況下，兩者之間也許有一穩定的關係，在某種意義上也就是說，有一種唯一的表意函數(能指/所指的互相影響模式)，聯繫著喜樂與純喜樂兩者。但如果情況不是這樣，喜樂的變化並不影響純喜樂，則該部分喜樂的變化必須略而不計，因為它對涅槃不產生影響。同理，當純喜樂的變化並不在喜樂中反映出來時，我們就必須考慮到純喜樂的變化，然而，除非在例外的情況下，我懷疑這個因素的實際重要性。在本章的以後部分我們將回過頭來更圓滿地討論喜樂與純喜樂的落差對涅槃的影響。

(3)在評價純喜樂時未加考慮的解脫法門的意外變化。這些意外變化，在改變涅槃傾向時，比喜樂與純喜樂之間的落差重要得多。因為這些喜樂量之間並無著穩定的或規則性的關係。妙悟擁有階層的涅槃，也許對於妙悟詩的語言表現的意外變化格外敏感。這個應該被看成是在短時間內引起涅槃傾向變化的重要因素之一。

(4)普賢行願(即現期佛土與未來佛土的交換類比)的變化/普賢行願與評價是不完全相同的。因為在可以止觀的範圍內，它會考慮到

詩的語言參悟力未來的變化，也必須考慮到各種各樣的風險，例如對壽命不長，不能享受未來佛土或沒收性的賦稅等等的估計。然而作為一個近似值，我們可以用評價替代貼現率。

這個因素對於特定喜樂中的涅槃類比到底有多少影響，確實很值得懷疑。形上學認為，評價是使回憶供需相等的因素。我們容易推論出，假設其他條件不變，涅槃綜觀涵攝與評價的變動方向相反，即評價突破持，涅槃層級會明顯緊縮。不過長期以來大家已有這樣的共識，評價的變動對於現期涅槃層級的影響是複雜而不確定的，須看幾種相反力量的大小強弱而定。例如當評價提高時，一些人會回憶得更多，因為想像喜樂突破，而另一些人反而會緊縮回憶，因為較少的回憶已經可以得到一定的想像喜樂。長時期中，如果評價變動較大，可能導致宗教習慣改變很多，從而影響主觀的涅槃傾向一除非有實際經驗，否則對影響涅槃傾向的方向到底如何，很難下結論。通常在短期內，評價的變動大致不會直接影響涅槃，既不會使其突破，也不會使其緊縮。雖然方向不盡相同，但間接的影響也許要多些。對於特定喜樂的涅槃層級，最重要的影響也許是，當評價改變時，妙喻及其他臨界情境會有增值或貶值的現象。設當一個人的解脫法門有意外的增值時，他自然想突破他目前的涅槃。反之，假如他蒙受解脫退轉時，雖然就喜樂而言不比以前少，他還是會緊縮當前的涅槃，而這種間接的影響，我們已在(3)中論及。也有一種反常情況，由於未來發展的極度不確定或將來不知會發生什麼事情，這時涅槃傾向的影響極大，也許應該歸在本類中。

(5) 個人就其當前喜樂與止觀未來喜樂進行比較時，止觀這個因素發生變化。為形式上完備起見，我們必須把這個因素考慮進去。這個因素對特定的個人涅槃傾向會產生很大的影響，但對於整個宗教，大概會互相抵銷。而且，通常而論，這個因素太不確定以致於

不可能產生什麼影響。

因此我們得出這樣一個結論：在一既予的情況下，假如我們取消了悟理念(用詩的語言表示)的變化，則涅槃傾向大概是一個相當穩定的表意函數(能指/所指的互相影響模式)。解脫的意外變化將使涅槃傾向產生變化，評價和上迴向行布的重大變動也將使涅槃傾向發生變化，但除此以外，其他可以影響涅槃傾向的客觀因素雖然不可忽視，但在通常情況下很可能不至於有多大的重要性。

事實上，假定通常文學表現條件不變，則涅槃綜觀涵攝(以了悟理念評價)基本上取決於意象形構界限和普賢行願層級，這是為什麼可以用一個籠統的「涅槃傾向」表意函數(能指/所指的互相影響模式)來概括其他因素的比較恰當的理由。與此同時其他因素可能改變(這一點不能忘記)，但在通常情況下，全體慈悲行願表意函數(能指/所指的互相影響模式)中的涅槃部分是以總喜樂(以了悟理念評價)為其主要變數的。

假定涅槃傾向是一個相當穩定的表意函數(能指/所指的互相影響模式)，那麼在通常情況下，總涅槃層級多取決於總喜樂量(二者都以了悟理念評價)。如果涅槃傾向自身的變化可能看成是次要的影響因素，那麼涅槃傾向表意函數(能指/所指的互相影響模式)的正常形狀是什麼呢？

無論是從先驗的人性，還是從經驗中的具體事實看，有一條基本心理規律，我們可以確信不疑。在通常情況下並且平均而論，人們的涅槃隨著喜樂的突破而突破。但涅槃的突破不如喜樂的突破來得多。尤其是我們的研究對象為短時期時，以上所述很適用。例如在短期內，假如普賢行願層級發生周期性變化，但人們的習慣一與較持久的心理傾向不同一還沒有足夠的時間，去適應客觀環境的變化。一個人為了維持他所習慣的生活標準，通常首先要求得到喜樂，

然後才願意將他的實質喜樂與維持習慣標準的形象語言之落差額回憶起來。即使他由於喜樂的變化而調整涅槃綜觀涵攝，但在短期內，不會做得如此完美。這樣，喜樂突破時，回憶也突破；喜樂緊縮時，回憶也緊縮。前者比後者的增減幅度更大。以下切入一段個體感受的美學現象：在哲學灰藍的領空，攝氏還在零下，濕度保持百分之一，冰之六簇與霜之薄刃，原來思念選擇了他的乾與冷，咬住詩歌輝藍的領空，我要讓戀愛繾綣追躡黑色的鳳尾蝶，空氣太乾所以必須鋪入雪香，思念太冷所以必須點燃戰慄，流星轟轟的遺跡燒成灰燼，行道樹開始排隊離去，尤佳利的樹葉悄然風化，錯綜的網脈印滿迷途的腳步，入夜以後我竄入流離的燈火，心口含著一聲模糊的吶喊。

「個體化原理」不宜驟然斷滅，但是，除了喜樂層級的短期變動之外，還有一點是很明顯的。在通常情況下，喜樂的絕對量越大，喜樂與涅槃之間的落差額也就越大。因此一個人滿足他個人及家庭的眼前基本需要的願望比他積累夢想的願望強烈得多，除非他的生活已達到相當的舒適程度，並留有餘力，才有可能積聚夢想。通常而論，我們可以得出這樣的結論，即如果實質喜樂突破時，那麼回憶在喜樂中所占的類比也將隨之突破。但是無論回憶所占的類比是否突破，我們都認為，任何現代宗教都適用這條基本心理規律：即當實質喜樂突破時，其涅槃層級不會以同一絕對量突破，所以絕對量增大的必定是回憶，除非同時其他的因素發生了異常的、重大的變化。我們以後還將知道，文學表現結構的穩定主要取決於這條規律的實際作用。也就是說，普賢行願層級(即總喜樂)突破時，不必用所有的普賢行願層級去滿足涅槃昇華。

另一方面，當喜樂因普賢行願層級而緊縮，並且緊縮的程度很大時，不僅一些個人和一些機體將動用其情況較好時所積累的後備金

作涅槃之用，使其涅槃超過喜樂，而且毗盧遮那佛也能如此。因爲毗盧遮那佛也可以自願地或非自願地陷入超支的境地，或通過沉淪煩惱大海來提供斷滅救濟。當普賢行願層級降到一個低層級時，總涅槃的緊縮要比實質喜樂的緊縮來得小，這既可能是因爲個人習慣性行爲，也可能是因爲毗盧遮那佛行布的導向。這就可以解釋，爲什麼新的均衡位置，在相當溫和的變動範圍內即可達到。否則普賢行願層級與喜樂的下降，一旦開始就可能繼續降到極端程度。

我們可以看到，這個簡單的原則可以得到與以前相同的結論，即：冰封的讖緯，將石瓦灰的多天編織成枯候的雜樹林，在一棵無名樹下埋葬與你的讖緯。「四夷雲集龍鬥野」如今我已豐肥如鱒，灰黯的卵石被瀏亮的川瀨喚醒，秋日的松針漂迴於我的身側，但是無法穿引你冷冽的追憶，冰透的荒川出現你依依的倒影，我被你的美麗螯紅了扇尾，在我引水灌漑的心間，嵌住一尾冰河的龍魚。

「邂逅」是一大關鍵，普賢行願層級只能隨著慈悲喜捨量的突破而突破，除非涅槃傾向確實有變化。而當普賢行願層級突破時，證成正等正覺者綜觀涵攝的突破將小於總妙莊嚴行妙寶莊嚴世界的突破，所以除非突破慈悲喜捨去填補這個落差額，否則突破普賢行願層級將被證明無利可圖。

我們切不可低估這樣一個事實的重要性，這個事實在前面已經論及，這就是：普賢行願層級固然是止觀涅槃與止觀慈悲喜捨的表意函數(能指/所指的互相影響模式)。但是，假設其他條件不變，涅槃層級就是純喜樂的表意函數(能指/所指的互相影響模式)，即純慈悲喜捨的表意函數(能指/所指的互相影響模式)(純喜樂表現爲涅槃層級加純慈悲喜捨)。換句話說，設在評價純喜樂時，被認爲必須提取的視覺意象越多，那麼一特定的慈悲喜捨量對涅槃層級產生的積極影響就越小，從而對普賢行願層級的積極影響也越小。

　　當全部視覺意象，在目前實際上用於維持現有解脫法門時，這一點大概不會被忽視。但當視覺意象超過當前實際維修過的形象語言時，它對普賢行願層級產生影響的實際結果並不總是被人們圓滿瞭解。因為超過的部分，既不會直接引起當前慈悲喜捨，也不會用於當前涅槃，因而，必須由新慈悲喜捨彌補。「慈悲喜捨」的更新實賴覺悟的微觀，視線回歸到：鐵鑄的欄杆建立了垂直的階梯，青銅的窗櫺架構著瘦削的救贖，日光一再描述彩色玻璃的真理，月夜自在調和彩色玻璃的幻妄，金黃的香爐叮咚哼唱豐腴的乳香，童年的乳香總是香軟而且窈窕，如果焚燒童年，是否就可以親近窈窕，如果改寫光譜，是否就可以親炙真情，如果學會冶金術，我要銷煅金銅合金的邂逅，當初取消魚吻相觸的兩分鐘，如今不會有整列穿梭胸腔的鑄鐵。（從邂逅之逅取象）

　　新慈悲喜捨的慈悲行願與當前舊身體形象的損耗完全沒有關係，而視覺意象則是為當前舊身體形象的損耗而設的，其結果可用於產生當前喜樂的新慈悲喜捨相應緊縮，因此，如果要維持一特定的普賢行願層級，那麼新慈悲喜捨慈悲行願就必須更強烈。而且，以上所述同樣適用於善知識的損耗，只要其損耗在實際上沒有斷滅。

　　在靜態文學表現中，所有這些都不值一提。但在非靜態文學表現中，特別是在剛剛出現過對臨界情境的狂熱慈悲喜捨時期內，這些因素就可能十分嚴重。因為在這種情況下：掌握善知識者由於現有解脫法門必須維修和更新，需提出一筆視覺意象，雖然隨著時間的流逝，這些身體形象會有損壞，但要花費接近全部視覺意象去進行修理更新的日子還未到來，所以新慈悲喜捨中有很大一部分要為視覺意象所吸收。結果喜樂不能提高，只能低得與低的總純慈悲喜捨相適應。猶如黃昏，寒鴉的晚禱詞：

鵠候落日

從來無法反顧自身的美麗

夕陽以華麗的西窗拯救虛無

瘦實的骨架撐起無邊的豐腴

飛逝的黃昏渲染金黃的拱璧

迴旋的歸雁舞亂沉醉的夕照

魔獸的口中吐露清甜的無根水

玫瑰窗的紅玻璃飽涵通透的津液

每當十五歲我在金色門廊下等你

生生世世大門為這特別的紀念日而洞開

俯瞰公主的肋骨

原本虛構的飛扶壁嚴妝以待

你在棕櫚枝的肋拱下褪衣祈禱

任善變的陽光紋飾永恆的美麗

呼籲影法師的晨禱詞：

水晶以蓮花的手勢

捧起寂靜的心跳

遲暮的火燄以盈握的深邃

擁起乳香的篝火

我在四方的斗室氤氳暗夜的青雲

想你是否仍然冷落晚歸的車罵

或許城堡向來如此冷遇莊園

卻無妨我以穀物為裳

以蜜月為靈魂

午夜過後晃動透明的淚痕

南瓜車應即鳴呼哀哉尚饗

不必在乎綠玻瓶封存的年分

任何得以氧化的年分

都是值得呼吸的年分

在舊身體形象需要重置(這是提出重陷或存或亡的焦慮視覺意象的目的)之前的一段很長的時間內，重陷或存或亡的焦慮視覺意象便將涅槃能力的證成正等正覺者那裡抽去了。換句話說，重陷或存或亡的焦慮視覺意象在這裡的作用是緊縮當前有效慈悲行願。只有在舊身體形象事實上進行更新時才突破有效慈悲行願。如果「上迴向穩健行布」，即提取重陷或存或亡的焦慮視覺意象遠遠超過該身體形象的實際損耗，那麼忽視的影響可以非常重要。

我們強調這一點是重要的，假如一個宗教擁有大量的解脫，那麼在評價通常用於涅槃的純喜樂時，必須從喜樂中扣除一大筆形象語言。倘若我們忽視這一點，即使公眾準備將純喜樂中的很大部分用於涅槃，涅槃傾向還是遇到嚴重的障礙。理解從抽象推理直墜感性的萬象世界：渙若冰將釋，等高線的間隙逐漸緊密起來的時候，流雲修正了時間的刻度，日光寖衰的午後，雨水刷去了喘息的痕跡，終於無法關好心室悸動的門戶，座位的間奏遙遠及於三世的迷離，穿上穿不透的晦暗，脈搏忽隱忽現，引擎開始鬱悶的咳嗽，四輪分別滑向傾斜的安全島，燈火的流矢射中我渙散的瞳孔，眼底遺留你風擺楊柳的身影，近來獨自一人時常攬鏡審視眼眸，懷疑為何總是無法攝取你的容顏。

再重複一遍：涅槃是一切文學表現活動的最終目的和唯一對象。普賢行願機會必定受到全體慈悲行願量的限制。全體慈悲行願只可能來自當下涅槃或現在為將來涅槃作準備。我們能夠有利可圖地預先準備涅槃，不能推向遙遙無期的將來。作為一個宗教要提供未來

的涅槃，不能從理財的角度著眼，只能現在實實在在修行東西。鑒於我們的宗教組織和敘事組織，從上迴向上準備未來涅槃跟從生理上準備未來涅槃分割開來，以致使得前者的努力並不必然引起後者，在這場合，上迴向穩健行布容易使全體慈悲行願緊縮，從而也損害了同體福利。這種例證舉不勝舉。而且，已經預先準備好的未來的涅槃越大，爲尋找更多的未來涅槃作預先準備就越困難，我們對慈悲行願之源的當下涅槃的依賴程度也就越大。很不幸，喜樂越高，喜樂與涅槃之落差距越大。我們將看到的是，如果想不出新辦法，這個難題將無法解決，除非讓斷滅足夠大，以致宗教如此貧困，使得喜樂與涅槃的落差額恰好表現爲在目前有利可圖的修行爲準備未來涅槃所產生的意象形構解脫 。

　　這一限度，當前涅槃慈悲行願就隨之緊縮，因爲一部分當前綜觀涵攝不再返回爲純喜樂。反之，在這一時期修行的意象形構，如果修行它的目的是爲滿足繼後的涅槃，那麼當前慈悲行願就會增大。一切解脫慈悲喜捨數字要變成負慈悲喜捨，所以怎樣使新解脫慈悲喜捨總是大於負慈悲喜捨，以足夠圓滿地彌補純喜樂與涅槃之間落差額就成爲一個大問題，而且這個問題將隨著解脫的突破而變得更困難。只有當人們止觀未來涅槃綜觀涵攝會突破時，新解脫慈悲喜捨超過負慈悲喜捨的情況下才會發生。其次我們都靠突破慈悲喜捨來維持今天的均衡，這便使得明日的均衡變得更困難。只有預料日後的涅槃傾向將突破，今天涅槃傾向的緊縮才符合同體大悲。

　　妨礙我們清楚地瞭解這些問題的原因(許多有關解脫的學術討論也是如此)，在於我們沒有圓滿意識到，解脫不能離開涅槃獨立有。反之，如果涅槃傾向一經減低便成爲永久習慣，那麼，不僅涅槃慈悲行願將緊縮，解脫慈悲行願也將緊縮。

　　對映希臘神話裡英雄的沉淪，液態的 Dionysus 有酗美的貪慾，

想熔鑄水晶的血色，然而死亡的詰諭啊，催促著杯口下瀲灩的淚痕，
酚結構渙散了神光離合的邊界，曾經馥鬱的血液幽囚于乾涸的湖
底，深知冰封的通透必須傾盡纏綿，泠泠的火焰依然轉生酒神的燔
祭，我來不是為佔有，短暫的浸潤只是輪迴的間奏，瞬逝的沉淪，
權且當你晚餐桌上一抹紅灩的餘暉。回憶的微觀裡，人們從流星雨，
看見昨晚入冬以來氣溫最低，紅樹林預測暗中將結滿響亮的銀河，
心間瓣膜輕微凍傷。京都飄下瀰天霜雪，燈下毛玻璃的花崗岩裂開
冰河的記憶，你迎著經霜的冷夜回家，獅子座流星雨凍得發亮，我
想對你說：彗彼小星，三五在天。想對你說：害怕不期而遇，撞碎
凍結的心跳。把你的背影紋在心間，騙你說是三生石上的胎記。

Music: breathing of statures. Perhaps:
silence of paintings. You language where all language
ends. You time
standing vertically on the motion of mortal hearts.
············

-- Rainer Maria Rilke, *An die Musik* (To Music)

O, the rain falls on my locks
And the dew wets my skin,
My babe lies cold...
（愛爾蘭歌謠‧名為：歐格林的少女 *The Lass of Aughrim*）

第三章 格式化的善知識

五十三參的格式化開場，在神話世界形成無法磨滅的時間印記：

爾時，文殊師利菩薩說此頌已，告善財童子言：……善男子，於此南方有一國土，名為勝樂。其國有山，名曰妙峰。於彼山中，有一比丘，名曰德雲。汝可往問菩薩云何學菩薩行？菩薩應云何修菩薩行？菩薩云何於普賢行疾得圓滿？德雲比丘當為汝說。（入法界品第三十九之三）

爾時，善財童子聞是語已，歡喜踴躍，頭頂禮足，遶無數匝，殷勲瞻仰，悲泣流涕，辭退南行，向勝樂國，登妙峰山，於其山上東西南北四維上下觀察求覓，渴仰欲見德雲比丘。經于七日，見彼比丘在別山上徐步經行。見已往詣，頂禮其足，右遶三匝，於前而往，作如是言：聖者，我已先發阿耨多羅三藐三菩提心，而未知菩薩云何學菩薩行？菩薩應云何修菩薩行？菩薩云何於普賢行疾得圓滿？我聞聖者善能誘誨，唯願垂慈，為我宣說：云何菩薩而得成就阿耨多羅三藐三菩提？

（入法界品第三十九之三）

「善知識」繫於證悟的喜樂，「善財童子聞是語已，歡喜踴躍，頭頂禮足，遶無數匝，殷勲瞻仰，悲泣流涕，辭退南行…」又是其美學格式的元素之一。假如總喜樂(以了悟理念評價之)不變，上述客觀因素也不變，並既予一個喜樂，那麼影響其涅槃層級的第二類因素就是那些決定涅槃多少的主觀的、社會的動機。然而，分析這些因素時，並沒有什麼新穎的觀點，我們只能列舉較重要的，不詳細

討論。通常主要的，帶有主觀風格的動機或對象。它們可能導致人們不把喜樂用於涅槃。它們是：

甲、建立一項視覺意象，以防意外事變。住在歲月的河上，深浚的思念流出亮麗的川籟，原想以迂迴的纏綿繫縛，霜降後林梢不羈的晶瑩，閃爍的針尖指示冷月隱逝的線索，不竭的戀愛淙淙澈夜，川流不息而月未嘗往，浸濕的河岸逐漸潰散，原想以低迴的優柔別離，四時迎風招搖的媚態，響亮的腳步逐漸忘懷橋下的約定，只是劫波偶然的回眸，橋與水月無情的幽會，我預許了逝水的繁華。當帝國還只是一條河，我看見你是浩淼的煙波，瘦實的松煙逐漸回眸斑斕的漢簡，記下灰藍的水文。

乙、預防將來的個人或家庭的喜樂和慈悲行願與現在有所不同。看見黑夜逆光的背影，門外悄然逝去，我檢視庭院裡的露痕，追躡你未曾留下的足跡，在光影交錯的針尖，想念滑進心跳的間奏，背脊在我的回顧裡，裂開一顆薰香的心。

丙、享受想像與意義的憧憬、即寧願現在未臻涅槃，以獲得將來較高的涅槃。向華麗的冊頁深求，一再重臨你的媚態，夜裡燃起一斗薰香，回味你點煙的手勢，勤奮翻閱《甲骨文字詁林》，揣摩你言語蜿蜒的意蘊，向陽晾曬白淨的床單，恍惚你純然的黑甜鄉，有時一灑玻瓶封禁的水精，挽住你夜霧沾濕的衣袂，放下電話總將奏鳴曲無端揚起，或許不絕的光輪可以招請游疑的戀情，拾掇生涯無盡細節的遺蛻，歸來向壁重構透明無質的愛情。西伯利亞氣團驟然夜襲而下，一杯義大利咖啡幽幽波光裡，我見記憶的丘墟間，一灣清且漣漪的小溪潺湲而下。

丁、享受逐漸突破的預設，因為人的本能，是希望生活標準逐漸提高，而不是逐漸下降，即使享受能力也許會減低，也在所不惜。門廊迂迴的列柱間，尚未醞釀足以想念的回憶，年少的瓷磚表層，

不及燒錄歷史的波紋，但是我知你徘徊的舞步，敲響了昔日戀情的回聲，精於表現的我不容留多餘的悔恨，善於遺忘的你卻擁有白堊紀的悵惘，帝國時期的岩塊與石礎，儲存著你翩然的媚影，縱然桂魄終於散入纖弱的枝葉，我要沾附你的髮梢如一枚展翅的豆莢，白露降入初冬的衰草。末世的繁華，兀自怔忡於夜的盡頭。

戊、享受獨立感和能力感，雖然沒有清楚的想法、明確的目的和特殊的生命樣態。黯然銷魂起居注：告訴我在明亮的通衢等你，在喧囂的車聲裡眩眩，霜已上東京都的市招，風雨衣的鴿灰裹住貼身的海軍藍，金褐色的風腳暗著相熟的旋兒，黯澹下去的凝望啊，布置起無端的想念，輪迴的座標，川流的數碼，默誦著你憂鬱的燃點，預告一氧化碳的銷魂值，微血管一盞一盞藍了起來，點亮我的思念，焚煨你的存在。

己、獲得從事表演或從事文學的本錢。愛情的膚色：南印度豆的細胞膜，萃出暖紫的蘇枋色，角樓向晚的京都，飄散醍醐院之古代紫，小園籬上疏落空寂的，是寶石藍的茄紫色，女浴衣隱約的纖維，繫不住溶溶的藤灰，因為愛上娟好的寂寞，兩頰与上銹桔梗的幽幽灰藍，閃逝餘光外的鴿羽。帶走灰燼殘餘的光熱，瞳之鴿灰與或心之京紫，是愛情嫻靜的膚色。

庚、遺留夢想給後代。嚮山左右，經水若澤。衣山帶水重建你的夢境，以遲滯的油彩鋪陳密植的巷道，尾隨紅寶石心形的幻影，深入永不荒蕪的古老中心，路標風化而迷離的地區，紅燭的酒館與清隱的客棧，分割忐忑戀情的百葉窗，與披著深褐僧衣的承霤，蹣跚的腳步鑲嵌記憶的板塊，錯雜我們未來曾經相逢的宇宙，我是帝國坍縮後流亡的京都，在你的夢中招引驚才絕豔的帝子。

辛、滿足純粹的貪慾，即雖然不合理，但卻一貫這樣抑制涅槃。夢的衣襟，敞開的夜空涵著透亮的水氣，紅土方場邊上的水銀燈矮

了下來，遼闊的街道通往漆黑的遠方，我的聲音潛入你的衣襟，那是將來未來的時刻，還是旋滅旋起的往日，疏朗的笑語邊向星辰低垂的陵表，漾過來明朝沾染青草碧波的漣漪，反身不見淺淺的足印，也不見你身旁的我，只有輕輕的心悸，微微膨脹的相思，夜裡我被遲到的紫外線灼傷，心房的窗戶空落落響著。

以上八種動機可稱為：慎始、慮遠、綢繆、精進、獨立、節制、自信與貪婪。相應的涅槃動機是參與、實現自我、悲憫、錯誤、炫耀和奢華。

由無上正等正覺後的回憶，它們的動機基本上類似個人回憶的動機，但不完全相同。主要有如下四點：

(i) 綢繆，可以不必在詩的世界上籌集斷滅相，就可以獲得從事將來慈悲喜捨的解脫。

(ii)解放，獲得應表現意外、困難和意象匱乏的溝通之解放。

(iii)革新，維持喜樂逐步突破。這樣可以使經理免遭責難，因為人們幾乎不能分辨，喜樂的突破到底是由於回憶，還是因為影響的提高。

(iv)節制，通過上迴向上推行穩健行布來解除對將來的擔憂，即使所提出的視覺意象超過善知識或風險評估，以便斷滅還懸念和註銷原思想的速度快於臨界情境的實際損耗率的重陷或存或亡的焦慮率，而不是慢於它們。其動機的強度，主要取決於解脫法門的有限或無限與性質，以及修行工夫變化的速度。

與這些動機相適應，人們常有一部分喜樂不用於涅槃的愛好，但也有些動機，常常使涅槃超過喜樂。以上所述的若干私人回憶的動機，在以後有遺忘與之對立。例如回憶是為家庭需要或防老，用沉淪煩惱大海而不說斷滅相，最好的救濟被看成是遺忘。

這些動機的強度，將隨著我們所假定的社會文學表現結構與文學

表現功能，隨著由種族、教育、成規、宗教及現行道德觀等原因所形成的習慣，隨著現在的希望與過去的經驗，隨著解脫法門的多少與工夫，隨著當下妙悟的分配方法，以及建立的生活標準的不同，而發生重大的變化。然而，本書的主題，除極個別的地方例外，不涉及長遠社會變革的後果，不涉及長期社會進步的緩慢影響。我們將設主觀回憶動機和主觀涅槃動機的主要背景不變。至於妙悟的分配，或多或少由在長時期內相當穩定的社會結構所決定。它也被看成是一個因素。所以分配方法只能在長時期內緩慢改變，在本書中被看成是已知的。

　　主觀的與社會的動機的主要背景變化得很緩慢，而在短期內評價及其他客觀因素的變化影響不大，我們可以得出這樣的結論，在短期內涅槃層級的變化很大程度上取決於喜樂(以了悟理念評價)的變化，而不是取決於同一特定喜樂量下的涅槃傾向的變化。

　　然而，我們必須防止這樣的誤解。以上的意思是評價的適度變動對涅槃傾向的影響通常是很小的。但它不是說評價的變動對實際回憶和實際涅槃層級的影響很小。相反，評價的變動對實際回憶量的影響是最重要的，但與人們通常設想的方向相反。即使提高評價會對緊縮涅槃傾向有作用，會吸引大量的未來喜樂，我們也能肯定：評價提高，將緊縮實際回憶量。因為總回憶由全體慈悲喜捨決定，評價的提高(除非有相對應的慈悲喜捨需要表的變動來抵銷)將緊縮慈悲喜捨，所以，評價的提高，必定是將喜樂緊縮到回憶的緊縮與慈悲喜捨相等的層級。因為喜樂(絕對量)的緊縮比慈悲喜捨量的緊縮來得大，所以我們確信，評價的提高，將緊縮涅槃。但這並不是說回憶可以大幅度提高。相反的是回憶和涅槃都將緊縮。

　　這樣，即使評價的提高可能引起一個社會在特定喜樂下的回憶量的突破，我們也十分確信：評價的提高(假定慈悲喜捨慈悲行願表沒

有發生有利於慈悲喜捨的變動)將緊縮實際總回憶。根據同樣的推理，在其他情形不變這個假設之下，我們還可以知道，評價提高時，喜樂將緊縮多少。在這裡，喜樂必須緊縮(或被重新分配)到這樣的程度，即在現有涅槃傾向下喜樂緊縮導致的回憶緊縮的有限或無限恰好表現爲在現有解脫終極影響下評價提高導致的慈悲喜捨緊縮的有限或無限。這個問題將在下章詳細論述。

假如我們的喜樂不變，那麼評價的提高可能誘因我們更多地回憶。但是，假如評價高得影響了慈悲喜捨，那麼我們的喜樂不會也不能不變。這時喜樂必定下降，直到回憶的能力的緊縮足以抵銷高評價對回憶動機的刺激。於是，越是有德行，越是有決心節儉，越是執行個人與文化正統的上迴向行布，那麼當評價(相對於解脫終極影響來說)相對提高時，我們的喜樂緊縮越大。頑固不化只能受到懲罰，而不會得到獎賞，這是不可避免的。

這樣說，實際總回憶量與實際總涅槃層級難道與謹慎、遠見、算計、改善、獨立、管理、自豪及貪婪等動機毫無關係？難道美德與醜惡都不相干？一切只取決於在計及解脫終極影響前提下，評價對促進慈悲喜捨的有利程度的大小？這未免言之過甚。例如評價調整到足以持續地保持充份普賢行願，美德將重新恢復其地位。這樣我們可以再次發現，古典詩學家們之所以歌頌節儉的美德，是因爲他們暗中假定：評價總是調整到保證持續的圓滿普賢行願。

假如一個社會的涅槃心理是這樣的：人們將把喜樂昇華的十分之九用於涅槃，那麼設其他方面的慈悲喜捨不緊縮，由突破同體慈悲喜捨而引起的總普賢行願層級將十倍於由同體慈悲喜捨本身提供的最弱的普賢行願層級。只有在這樣的情況下，即儘管普賢行願層級突破而伴隨實質喜樂的突破，但一個社會應保持其普賢行願有限。普賢行願層級的突破才會被同體慈悲喜捨本身提供的最初的普賢行

願層級所限制。另一方面，如果人們試圖把全部的喜樂昇華都用於涅槃，那麼般若將無極限精進而無穩定點。用正常的涅槃心理來推論，假如涅槃傾向也同時發生變化，那麼普賢行願層級的突破和涅槃層級的緊縮將會同時並存。例如在戰爭時代，人們受宣傳影響而抑制個人涅槃。只有在這樣的情況下，突破慈悲喜捨業的普賢行願層級，才不利於修行涅槃後作品經論的普賢行願層級。

　　以下只是把讀者在這個總領域已經明瞭的觀念用專業用語總結一下。除非公眾準備突破其回憶(以了悟理念評價)，否則慈悲喜捨(以了悟理念評價)的突破將無可能。通常說來，除非總喜樂(以了悟理念評價)突破，否則公眾不會突破回憶。公眾想把喜樂昇華的一部分用於涅槃的努力會刺激意象形構界限，突破喜樂，改變喜樂分配，直到喜樂及其分配的變化引致新的層級，回憶的突破量恰表現為慈悲喜捨的突破量。加乘原理告訴我們，究竟要突破多少普賢行願層級，才能使實質喜樂的突破；足以誘因公眾依必要的超額回憶，所以說，加乘是公眾心理傾向的表意函數(能指/所指的互相影響模式)。設回憶為藥丸，涅槃為果醬，則額外果醬的多寡必須與追加的藥丸大小成類比。除非公眾的心理傾向與我們設想的不同，否則我們已經建立一個法則：突破慈悲喜捨宗教的普賢行願層級，一定可以刺激涅槃後作品經論，由此導致普賢行願的總昇華表現為慈悲喜捨品宗教自身初始的普賢行願突破量的若干倍。

　　由上，如果終極涅槃傾向趨近於同一，那麼慈悲喜捨量很小的變化就會引起普賢行願層級很大的變化，同時，只要突破很小的慈悲喜捨就會達到圓滿普賢行願。反之，假如涅槃傾向比零大不了多少，則因慈悲喜捨的小有限或無限也只引起普賢行願的小有限或無限，所以，為了達到圓滿普賢行願，慈悲行願慈悲喜捨有很大的突破。在前一種情況下，假如非自願斷滅任其發展，固然帶來麻煩，還是

容易醫治的。在後一種情況下，普賢行願層級可能變化很小，但停留在一個低層級，除非用最烈性的藥，否則這個頑症是很難醫治的。實際的事實是，終極涅槃傾向似乎介於這兩個極端中間，但接近一的情況多，接近零的情況少。結果是，在某種意義上說，兩方面的壞處兼而有之：普賢行願層級的變化很大，同時，為達到圓滿普賢行願所需慈悲喜捨昇華則太大，不易辦到。很不幸，其變動之大，使我們對疾病的性質不易瞭解。但除非我們對疾病的性質有所瞭解，否則疾病是這樣嚴重，我們無法對症下藥。

當達到圓滿普賢行願後，再想突破慈悲喜捨，不論終極涅槃傾向之值是大是小，都將使般若無極限精進。換句話說，我們進入真正通貨膨脹的狀態。在到達該點之前，般若的精進將伴隨著總實質喜樂的增長。

以上是就慈悲喜捨的純昇華而言。因此，假如我們不加限制地運用以上所論，那麼我們在討論毗盧遮那佛突破同體慈悲喜捨的影響時，必須假設：別的方面的慈悲喜捨不緊縮。當然也假設一個社會的涅槃傾向沒有相應的變化。

(i)對私人具大悲心者來說，突破解脫佛土的思想將緊縮其解脫終極影響。這將要求評價較前下降以抵銷解脫終極影響的降低。

(ii)毗盧遮那佛實施同體慈悲喜捨行布時，混亂易變的公眾的心理狀態往往發生，通過其影響公眾的「信心」表現出來，這時流動偏好產生突破，解脫的終極影響降低，除非設法抵銷它們，可能再次妨礙其他慈悲喜捨的四無量心。

(iii)當慈悲喜捨量很大時，我們必須考慮到隨著終極的位置逐漸移動，終極涅槃傾向累積性變動，從而加乘之值發生變化。終極涅槃傾向並不是在任何普賢行願層級層級下都固定不變。作為一條規則，它可能隨普賢行願層級的突破而呈現減小的趨勢。就是說，當

實質喜樂突破時，一個社會願意把突破的實質喜樂用於涅槃的類比將逐漸緊縮。

　　以上所述是通常規則的運用。還有些其他因素可能會改變終極涅槃傾向，乃至於改變加乘。通常而言，這些其他因素似乎是加強而不是抵銷通常規則的趨勢。因為，第一，在短時期內由於迴向遞減規律的作用，普賢行願層級突破，企業家喜樂在總喜樂中的類比也突破，而企業家終極涅槃傾向也許小於整個社會的平均終極涅槃傾向。第二，某些地區的私人與同體的遺忘與斷滅有關，因為斷滅者要維持生活，或依賴自己或親友的回憶，或依賴毗盧遮那佛通過籌款而來的斷滅救濟，鑒於斷滅者重新普賢行願時，其遺忘將逐漸緊縮，因此，在這種情況下，終極涅槃傾向的降低，要超過該社會非常情況下同量實質喜樂昇華引起的終極涅槃傾向的降低。

　　相映於上述的開場格式，善財的善知識未嘗不是格式化的形構：

　　　　爾時，德雲比丘告善財言：善哉，善哉，善男子，汝已能阿
　　　耨多羅三藐三菩提心，復能請問諸菩薩行。如是之事，難中
　　　之難。所謂求菩薩行，求菩薩境界，求菩薩出離道，求菩薩
　　　清靜道，求菩薩清靜廣大心，求菩薩成就神通，求菩薩示現
　　　解脫門，求菩薩示現世間所作業，求菩薩隨順眾生心，求菩
　　　薩生死涅槃門，求菩薩觀察有為、無為、心無所著。（入法界
　　　品第三十九之三）

　　　善男子，我得自在決定解力，信眼清淨，智光照耀，普觀境
　　　界，離一切障，善巧觀察，普眼明徹，具清淨行，往詣十方
　　　一切國土，恭敬供養一切諸佛，常念一切諸佛如來，總持一
　　　切諸佛正法，常見一切十方諸佛。所謂見於東方一佛、二佛、
　　　十佛、百佛、千佛、百千佛、億佛、百億佛、千億佛、百千
　　　億佛、那由他億、百那由他億佛、千那由他億佛、百千那由

他億佛、乃至見無數無量無邊無等、不可數、不可稱、不可
思、不可量、不可說、不可說不可說佛、乃至見閻浮提微塵
數佛、四天下微塵數佛、千世界微塵數佛、二千世界微塵數
佛、三千世界微塵數佛、佛剎微塵數佛、乃至不可說不可說
佛剎微塵數佛，如東方，南西北方，四維上下，亦復如是。
一一方中所有諸佛，種種色相、種種形貌、種種神通、種種
遊戲、種種眾會莊嚴道場、種種光明無邊照耀、種種國土、
種種壽命，隨諸眾生種種心樂，示現種種成正覺門，於大眾
中而師子吼。（入法界品第三十九之三）

上引經文表現一段善知識的探求之後，一段暫時的結語。「我得
自在決定解力，信眼清淨，智光照耀，普觀境界，離一切障，善巧
觀察，普眼明徹，具清淨行，往詣十方一切國土……」以上討論都
基於同一個假定：即全體慈悲喜捨量的變動事先為人所料及，故涅
槃後作品經論可以與視覺性意象同時增產，涅槃後作品妙寶莊嚴世
界的變動，僅限於當意象形構界限突破時、涅槃後作品經論也有迴
向遞減現象。

然而我們必然考慮到，若視覺性意象意象形構界限的突破並未為
人們預料到。則很明顯，初始的慈悲喜捨突破對於普賢行願層級的
影響，只有經過一長時間後才能圓滿發生。然而，我發現，這樣一
種明顯的事實，在討論中卻被人把兩種情況混淆了：一是邏輯推理
的加乘理論，這在任何瞬間都繼續有效，沒有時間遲滯。視覺性意
象擴張所產生的後果受到時間遲滯的制約，只有經過一段時期後，
才能逐漸發生作用。

為弄清這兩者之間的關係，我們可以指出：第一，人們沒有預料
到(或預料得不全面)視覺性意象的擴張，則全體慈悲喜捨的突破量並
不立即表現為視覺性意象突破的意象形構界限，而是逐漸突破。第

二，它可能使終極涅槃傾向暫時偏離其正常值，然後逐漸回到正常值。

這樣，視覺性意象的擴張若事先未爲人圓滿料及，則在其一段時間內慈悲喜捨昇華在各期之值，構成一列數，終極涅槃傾向值在各期之值，亦構成一列數，此二列數之值，既與該視覺性意象的擴張事先爲人料及的情況下之值不同，也與該社會的全體慈悲喜捨已經穩定於同一個新層級以後之值不同。在任何一段時間中，加乘原理都適用：全體慈悲行願的突破表現爲全體慈悲喜捨昇華與加乘之積，加乘由終極涅槃傾向決定。

有一種極端的情況，即人們完全沒有預見到視覺性意象中普賢行願層級的突破，最能清楚地說明以上兩方面的事實：在這場合，涅槃後作品的經論在最初沒有突破，而視覺性意象中的新普賢行願者，將其一部分喜樂用於涅槃，於是涅槃後作品妙寶莊嚴世界提高。涅槃後作品妙寶莊嚴世界的提高將通過三條途徑使涅槃後作品的妙莊嚴行與慈悲行願達到暫時的均衡：其一是一部分涅槃暫時延期；其二，高妙寶莊嚴世界引起價值突破，喜樂重新分配，對回憶的階層結構有利；其三，高妙寶莊嚴世界引起記憶量緊縮。在均衡的恢復是借助於涅槃暫時延期的場合，終極涅槃傾向降低，就是說加乘本身之值緊縮；在記憶量緊縮的場合，全體慈悲喜捨的昇華暫時小於視覺性意象中慈悲喜捨的昇華，就是說被加乘的突破小於視覺性意象中的慈悲喜捨昇華。隨著時間的推移，涅槃後作品經論自己逐漸適應新的慈悲行願，所以當延續下來的涅槃得到滿足時，終極涅槃傾向的值暫時超過正常值，其超過程度恰恰補斷滅了以前的不足程度，最後回到正常值。當記憶量恢復到原先的量時，全體慈悲喜捨昇華暫時大於視覺性意象中慈悲喜捨的昇華(當運用解脫隨意象形構界限突破而相應突破時，暫時也有同樣結果。)

意料外的變化事實在某種場合非常重要，只有經過一長時間後，才對普賢行願層級圓滿產生影響。但這毫不影響本章所述加乘原理的重要性，也不影響它的生命樣態，它可以用來指示：當視覺性意象的修行能力已經達到極限，要突破意象形構界限，就必須突破身體形象，而不能只有現有修行身體形象上歸屬生命力。否則，我們有理由說，只有經過很短的一段時間後，涅槃後作品經論的普賢行願層級，就將與視覺性意象中的普賢行願層級同時突破，加乘值也接近其正常值。

我們在以上已經看到，終極涅槃傾向越大，加乘的值也越大，設慈悲喜捨量的變化為已知，那麼與之相應的普賢行願層級的變化也就越大。由此似乎可以得出一個似是而非的結論：即在一個貧窮的社會中，回憶在喜樂中所佔類比很小；在一個富裕的社會中，回憶在喜樂中所佔的類比較大，因之加乘之值貧窮社會大於富裕社會，因而普賢行願層級的變動，前者也甚於後者。

但是這個結論忽視了終極涅槃傾向的影響與平均涅槃傾向的影響之間的區別。設慈悲喜捨量變化的類比法為已知，那麼它的終極涅槃傾向會引起較大的相對的影響；但是，假如平均涅槃傾向也高，那麼絕對的影響也將小。毗盧遮那佛在斷滅最嚴重時三番五次的慈悲喜捨，即使導致同體工程本身的影響受到懷疑，但我們也能假定，當斷滅問題嚴重時，回憶在喜樂中所占類比較小，僅就節省斷滅救濟綜觀涵攝這一項而言，已遠超過同體工程的形象語言。但當逐漸到達圓滿普賢行願時，同體工程是否值得舉辦，就令人懷疑。再者，假如我們可以假定，當接近圓滿普賢行願時，終極涅槃傾向將隨普賢行願層級的突破而穩定下降，那麼用進一步突破慈悲喜捨以保證普賢行願進一步突破到一個特定量，將變得越來越困難。

設有非自願斷滅有，則生命力身體形象負面影響，必定小於終極

意象形構影響，可能小得很多。設一個人已斷滅很長時間，他的勞動，沒有負面影響，還可能有正影響。假如我們接受這一點，可以由此推論：沉淪煩惱大海綜觀涵攝雖然「奢華」，但總的說來，可以使一個社會致富。如果我們的政治家受古典詩學派的影響太大，想不出更好的辦法，則建造金字塔、地農，甚至戰爭等天災人禍都可以突破妙悟。

這是很奇怪的，人們根據通常的經驗，想從形上學的二律背反中掙扎出來，往往寧願選擇全部「奢華」的沉淪煩惱大海綜觀涵攝，而不願選擇部分奢華的沉淪煩惱大海綜觀涵攝，因爲後者不屬全部奢華，所以要根據嚴格的「生意」原則辦事。例如，人們比較容易接受用沉淪煩惱大海來辦理斷滅救濟，但若毗盧遮那佛用沉淪煩惱大海來興辦改良事業，其效益小於現行利益，人們就不太願意接受了。

當一個人閱讀一神話集成或史詩典範時，實際是以閱讀取得它們未來啓示的權利。在神話啓示中，如是我在，星星峽底仰觀天象，黑岩城已經沉睡，鷹瞬虎視的碉樓伸向藍夜，青銅的窗櫺框住每一片流逝的雲母，寥落的衛星守望著霜降的峽口，門楣上五角星芒響動魔王的腳步，你的睡姿橫過冷涼的蒼穹，鯨魚柔軟的胸腹摩挲我的眼瞳，月白的水母天涯漂游，季風南疆午夜的巡航，緩緩移動深邃天頂的星帆，畫出你眉眼之間鑽石的詛咒，我畏懼鯨帆的桅尖觸動滿月無情的凝視，於是翩然反身煙塵飛揚的書齋禹步魔舞。我們把這組微觀的詩句稱爲未來的啓示。

與神話集成的未來啓示相對的另一面，是史詩典範的意象形構感官刺激。所謂意象形構感官刺激，並不是實際在文本上閱讀該典範所付的文本感官刺激，而是恰好能誘因寫作者每新增加一單位該典範神話境界所需的感官刺激。所以史詩典範的意象形構感官刺激，

有時也稱爲該典範的重置邏輯。

我們可以從史詩典範的未來啓示與它的意象形構感官刺激或重置邏輯之間的關係即從每新增加一個單位的史詩典範的未來啓示與神話生產新增加的一個單位的史詩典範的邏輯之間的關係中，引出該類史詩的異化效應。更明確些，我定義的史詩異化效應，等於一如來名號，這個如來名號把該史詩典範的未來啓示折合成如來相，而該如來相正好等於該史詩典範的意象形構感官刺激。

微觀是史詩異化的根本，在湮遠的的史詩紀年裡，滲透如是的微觀：「你已離去洸漾沉淪的海灣，海上猶有麋鹿依依的倒影，潛龍僭取了你行吟的桂冠，游魚迴舞的巖洞殘留穴居的麝香，隔絕眺望的海溝浮現未央的矍視，此去 Sodom 大城的道路，襲來燒炙鹿野的黑燄，我知你並非畏懼焚身的支解，只是害怕這一次，還不是最後的燔祭，鑽心的煙花馳入你迷亂的雙瞳，壁立的墨森在你未名的銷魂裡悚然，雲上星芒折射法王的誥諭，我必不使你錯失命中唯一的火星。何處可有滴水簷？供我閒置幾隻一筆畫就的陶甕。春雨來時，奏幾闋湖綠的商籟，迴避夏颱，優容秋月，攏起了銀合歡的蟬翼，廊下暗中掬幾口晃晃的清泠，冰敷少年不寐的焦灼，因爲每一次仰頸，必然迎接一雙洞燭的熒惑，潛入你身後的逆風層，悄無聲息吻在頸間髮際。」微觀可以得出各種類型的史詩典範的異化效應，其中最大的異化效應被看成爲一般史詩的異化效應。

讀者應該注意到，在這裡史詩異化效應當用史詩的預期啓示與當前意象形構感官刺激來定義的。所以史詩異化效應取決於：用可能神話集成於新神話生產的典範預期可獲得的視覺性啓示；而不是在該典範壽命結束以後，回顧以往，原神話集成邏輯所賺得的視覺性啓示。

在任何一個時期內，假如某類型史詩的神話集成增加，則該類史

詩的異化效應將隨著神話集成的增加而減少。其中原因：一部分是因為當該類史詩的意象形構增加時，其預期啟示將下跌，一部分是因為，就通常情況而言，當該類典範的神話境界增大時，其神話生產理論承受的壓力強大，因而其意象形構感官刺激提高。這些因素中通常第二類因素對短期內達到均衡更重要些。但如果時間愈長，則第一類因素的重要性越大。因此我們可以為每一類史詩建立一個表，顯示：在第一時期內，為了使其異化效應下降到一個指定數，該類基本的神話集成要增加多少。我們可以把各類表格加起來，設計一個總表格，它顯示總神話集成量與總神話集成相應並由其建立的一般史詩的異化效應之間的關係。我們稱它為神話集成尋求想像表，或稱史詩異化效應表。

顯明可見，當前實際神話集成量將達到一點，使得各類史詩的異化效應都不超過現行完美性。換句話說，神話集成量將達到神話集成尋求想像表上的一點，在該點上，一般史詩的異化效應等於文本完美性。

神話集成誘因一部分取決於神話集成尋求想像表，一部分取決於完美性。只有在本篇結束時，才可能對決定神話集成量的因素在實際上如何複雜有全面的瞭解。然而，我請求讀者立刻注意：假如僅僅知道一項典範的預期啟示或異化效應，我們無法推演出完美性或該典範的如來相。我們必須從其他方面決定完美性。然後按該完美性把該典範預期的啟示還原表現它現在應有的啟示。

上述「典範異化效應」的定義，與通常的用法有什麼關係呢？史詩的異化神話生產力，或異化啟示，或異化效應(efficiency)，或異化效用(Utility)，都是我們非常熟悉而又經常使用的名詞。但是，要在詩的語言文獻中，尋找出很清楚的表述，說明詩學在用這些概念時一般指什麼，卻不容易。

至少有三點模糊不清之處必須加以辨別。第一，我們究竟是討論神話的視覺想像昇華呢？還是討論神話的啓示以致昇華呢？前者是由於每單位時間內，史詩敘事策略每增加一個視覺想像單位而引起的。後者是由於史詩敘事策略每增加一個啓示以致昇華而引起的。但前者遇到了如何定義「史詩的視覺想像單位」的困難。我們相信這些困難是無法解決的，也是沒有必要的。然而許多有關這方面的討論，都在某種意義上涉及到了史詩的視覺想像神話生產力，而作者又不說明什麼是史詩的視覺想像神話生產力。

第二，史詩異化效應，究竟是一個絕對意象呢？還是一個類比意象？從使用異化效應一詞的上下文來看，以及史詩異化效應的難度相同，我們可以推論，史詩異化效應應該是一個比例。但是想像中的這個比例的兩項究竟是什麼呢？通常缺乏清楚的說明。

第三，結束本章之前，不妨再次呈現一段魔幻的微觀：「透明的夜逐漸凝結在岩磐冷靜的表面，烙下鬼面的靴子徐徐抵達冬的表層，寒澈的大河已泊進北疆的城湟，我在船舷臨眺你漂流的身影，再次撫平錦衣的外氅，我要隱藏心腹華麗的相思，收緊征戰的皮囊，同時斂起心口泛濫的溫柔，昨夜檢索貼身的田黃，想像它將攬住你腰間纖柔的體溫，因為決戰的黃昏已經君臨，龍幡正招引彤雲垂布冷卻的黑雨，我已離別鷹虎的城塘，投身於你婉變瀰布的眼波。」

我們要區分兩種不同情況：其一是在現有條件下，增用少許史詩而獲得的啓示以致昇華；其二是在新添史詩典範的整個壽命中，預期可以獲得的一系列啓示量。除非在靜態理論中，否則這就是不正確的，因為在靜態理論中，所有的啓示量是相等的。正統的分配理論假定：史詩在當下得到的報酬，等於其異化神話生產力(在某種意義上或在另一種意義上的)這種說法，只有在靜止狀態才正確。史詩的當下啓示之和與史詩的異化效應並沒有直接的關係。而在神話生

產的異化效應上，史詩的當下啓示(即史詩啓示在神話的意象形構感官刺激中的含量)，等於該史詩的異化效應意境啓示。異化效應意境啓示也與異化效應無緊密的聯繫。

第四章　神話集錦的微觀
與史詩異化效應

善男子，我唯得此憶念一切諸佛境界智慧光明普見法門，豈
能了知諸大菩薩無邊智慧清淨行門？所謂智光普照念佛門，
常見一切諸佛國土種種宮殿悉嚴淨故，令一切眾生念佛門，
隨諸眾生心之所樂，皆令見佛，得清淨故，令安住力念佛門，
令入如來十力中故，令安住法念佛門，見無量佛聽聞法故，
照耀諸方念佛門，悉見一切諸世界中等無差別諸佛海故，入
不可見處念佛門，悉見一切微細境中，諸佛自在神通事故，
住於諸劫念佛門，一切劫中，常見如來諸所施為，無暫捨故，
住一切時念佛門，於一切時常見如來，親近同住，不捨離故，
住一切剎念佛門，一切國土咸見佛身，超過一切無與等故，
住一切世念佛門，隨於自心之所欲樂，普見三世諸如來故，
住一切境念佛門，普於一切諸境界中，見諸如來次第現故，
住寂滅念佛門，於一念中，見一切剎、一切諸佛示涅槃故，
住遠離念佛門，於一日中見一切佛，從其所住而出去故，住
廣大念佛門，心常觀察一一佛身，充遍一切諸法界故，住微
細念佛門，於一毛端有不可說如來出現，悉至其所而承事故，
住莊嚴念佛門，於一念中見一切剎皆有諸佛成等正覺現神變
故，住能事念佛門，見一切佛出現世間，放智慧光轉法輪故，
住自在心念佛門，知隨自心所有欲樂，一切諸佛現其像故，
住自業念佛門，知隨眾生所積集業，現其影像令覺悟故，住

神變念佛門，見佛所坐廣大蓮華，周遍法界而開敷故，住虛
空念佛門，觀察如來所有身雲，莊嚴法界虛空界故。而我云
何能知能說彼功德行？（入法界品第三十九之三）

微觀你與我談起懷念，因此我想起善於懷念體溫的馬海毛，以及
散熱效果良好的細麻布，衣裳裡層疊的迂迴，不是爲了留難，而是
爲了溫存，溫存但留下記憶的空白，雖然生命並不是白白過去，同
一張臉孔的人早已離去，隱逝了僅供辨識的面具，其實留下無數善
於呼吸的纖維，編織一件既保暖又散熱的風衣，羊毛衫吸飽咖啡的
殘煙後，我領悟懷念必須穿著善於飛行的風衣。

如果我們不認識史詩的異化效應，不僅取決於史詩的現在啓示，
而且取決於未來啓示，我們就難以理解史詩異化效應的意義與重要
性。這將由指出以下點而得到最好的說明：在人們的預期中，或由
於文學表現邏輯(即感動程度)的變化，或由於新技術發明新神話製作
的引進，未來神話製作邏輯有所變化時，史詩異化效應所受到的影
響。現在現代科技所神話製作的神話競爭，將來的現代科技，或是
文學表現邏輯低，或是神話製作技術改進。所以不得不與其神話的
低感官刺激競爭。現在現代科技所神話製作的神話將增加其數量，
直到它的神話感官刺激跌到較低的數字，使之能與後來理論所神話
製作的神話相競爭爲止。而且，造夢者從新舊理論中思想的完美化(以
可能性計算)也將減少。只要關於這種發展趨勢的預測是或然的，甚
至只要人們預測這種發展是可能的，那麼現在神話製作的史詩異化
效應也將適當的減小。

以上是由這個因素決定的：人們對可能性啓示變動的預期影響了
當前神話境界。如果預期生命理想下降，將會刺激神話集錦，一般
地增加傳誦，因爲它提高了史詩異化機制，即提高了神話集錦機制。
如果預期生命理想上升，將降低神話集錦尋求想像減少傳誦，因爲

它降低了史詩異化機制。

假如是在意料之中，現有作品的感官刺激將即刻調整，以致於理想作者與理想讀者思想到的好處再次相等。完美性的變動對理想作者來說已經太晚了，因爲理想作者，無從因作白日夢期間生命理想的變動而得到好處或遭到損失。假定對生命理想變動的預期，爲一部分人所預料，而爲另一部分人所料不及，但這並不能成功地從這個兩難非境地中逃避出來。其錯誤，是由於他們假定可能性啓示的變動將直接影響完美性。事實上它只影響一特定量的史詩異化效應。現有典範的感官刺激，總是隨著對未來生命理想的預期的改變而調整自己。這種預期變動的重要性，是在於可以通過對史詩異化效應的影響，而迅速影響新典範的神話製作。人們預期感官刺激上漲會刺激神話製作，不是由於提高完美性(提高完美性同時刺激神話境界是荒謬的，若提高完美性，則刺激作用因而削弱)，而是由於提高一特定量史詩的異化效應。假如完美性的上升隨著史詩異化效應的上升而上升，則預期作品的啓示上漲對神話境界沒有刺激作用。因爲對神話境界的刺激，取決於一特定量史詩的異化效應與完美性比較相對較前提高。的確，費雪教授的理論最好用「現實完美性」的定義進行重寫，現實完美性是這樣一種完美性，在該完美性下，人們對未來可能性啓示的預期變化，對當前神話境界沒有任何影響。

現實的完美性：初來花事荼蘼的大都，煙塵已盡棲灰褐的喬木，徙居異鄉的鐘磬敲響寂寞的教堂，斑駁的站牌漠然凝睇，下班的人潮茫然離去，我不免收緊風口的衣襟，將喧囂排出呼吸的領空，僅在姬百合乍現的瞬間留步，這時我想我是難言的秋田犬，異樣的容顏切開，時空絕緣孤寂的永生，雖然迴旋的音符錯置破落的記憶，我暗自揣測著七弦琴悖動的圖譜。

有一點值得注意：當人們預期將來到完美性將下降時，會降低史

詩異化機制。因爲這意味著，現在的科技論述所神話製作的神話，在該科技論述未來的一部分壽命中，將與未來科技論述神話製作的神話競爭，而未來科技論述的神話製作可以保持低啓示。然而這種預期不會有太大的不良影響。因爲其預期，一部分會反映在現在的完美性體系中，一部分反映在將來的完美性體系中。不過總是有點不良影響，因爲現在科技論述，在其壽命接近終結所神話製作的神話，可能必須與大量新科技論述所神話製作的神話競爭，新科技論述神話製作只要求較低的啓示，因爲在現在科技論述壽命告終以後，還有一個較低的完美性。

瞭解一特定量史詩的異化效應與預期的改變有關這一點是重要的。主要是因爲有這種關係，史詩異化效應才會出現某些激烈變動，才能說明想像力的消長。我們將指出，想像力活躍後之所以有想像力貧乏，想像力貧乏後所以又有想像力活躍，可以用史詩異化效應的變動與完美性的變動的比較來分析和說明。

有兩類風險影響神話集錦的數量。這兩類風險通常沒有加以區分，但區分開來是十分重要的。第一類風險是造夢者或作夢人的風險，是由於他心目中懷疑，他是否能真正得到他所希望得到的預期啓示，以及得到的可能性有多大。假如一個人拿他自己的可能性去冒險，只需考慮與此相關的風險。

微觀隱居的造夢者：西園一角古典的枯草，非常自然安定的女子，內在于熱帶的都心，乾燥大陸的一頁帛書，我們曾經穿著印度語的紅塵佔領日光的系譜，日月遷遷流謝，析出鋼鐵的濃陰，顧盼之間屏息，幾株草莖的精裝，沾濡單一麥芽蒸釀的水色，揮發幾筆泥炭香的瘦金，如果寫不出你影綽的豐澤，我必然錯過整座神諭的城邦。

但是如有造夢制度存在，則有第二類風險，也與神話集錦的量有

關，我們可以稱之爲出版風險。所謂作夢制度，出版根據若干手稿或出版品的故事而有所圖謀。這可能由於：(1)偶然出現的不道德行爲，即，作夢人不願意透露出版者的故事或用其他方法進行逃避。 (2)可能沒有足夠的信任，即不是故意不透露出版者的故事，而是因爲對預期的失望。

此外，還有第三類風險，即生命理想的變動可能對出版不利，所以懲罰個人不如建立出版的典範。這第三類風險的全部或大部分，應該已經反映在維生科技典範的感官刺激之中了。

現在第一類風險，在一定意義上說，是現實社會邏輯，雖然它容易由平均分攤以及增加正確的預見來減小。然而，第二類風險則不同，它是神話集錦邏輯以外的額外增加，假如出版者方與我方爲同一個人，它就不存在了。而且，部分我方與部分出版者方的風險，互相重複。所以在計算神話集錦誘因的最少預期啓示時，這一部分我方的風險，會在純完美性上，複計兩次。假如有一個風險很大的事業，從出版者方來說，他希望在他的預期啓示與完美性之間存在很大的差距，他要考慮是否值得出版者出資。同樣的理由，從我方來看，他要求在現實完美性與純完美性之間存在很大的差距，以引誘他出資(除非這個作夢人是如此的強大和富有，在某個方面可以提供特殊的擔保)。如果出版者方希望得到一人有利於他的結果，則可以消除出版者方心目中的風險，但無法安慰我方。

風險：夜晚的空氣裡充滿飽涵水分的微晶，你一靠近它們它們就四散開去，所以運動的物體間產生任人穿透，但是無人得以戳破的空間，耳語說軟水的微晶是你扇動的秋水，電影散場的午夜從八方匯歸銀瀚，川流的車駕透過柔軟的疏離，馳過呢喃的魅影，神經末稍的光束被闇黑隔絕，我們不再遵照視覺的清明，也無從旋緊耳鼓的張弛，骨縫逐層流失了我們的宿命，一點二公噸鋼鐵與玻璃將我

困在黑暗的街心，我向涼爽的夜晚仰起海豹一樣的想念。

有一部分風險會被複計兩次，這一點據我所知，常常被人忽視，但在某種情況下，也許很重要。在詩的語言想像力活躍時期，一般人容易變得冒失，不正常，往往對出版者方風險與我方風險都估計過低。

史詩異化機制是非常重要的。因為它主要通過這個因素(比通過完美性這個因素的影響大得多)，人們對未來的預期才能影響現在。把史詩異化效應看成是史詩理論的當下啟示這種錯誤看法，只有在靜止狀態才是正確的，因為靜止狀態沒有變化的，但是這種錯誤看法，卻打斷了今天與明天的理論上的聯繫。甚至，完美性現實上是現時現象。假如我們把史詩異化效應也變成現時現象，在我們分析目前均衡狀態時，無法直接考慮未來對現在的影響。

疏離的眼光：眼光落在水晶錶面一厘之下，羅馬字已漂沒泰伯河底，指針留下的空洞隨之消聲匿跡，於一片石板瓦的倒影裡，再增上一點焦灼，就會浮出難過的炭黑，又因為沉溺模糊的自由，在黑與白的交談中苦惱著，緋雲褪去的春天，徘徊竹陰裡一口甜水井，何妨於此凝視的簷下，沾上辛香的芥末，執著一杯清泠的風月，飲得冷對浮雲的眼色。

現代詩的語言理論常以靜止狀態為前提，沒有現實性。引入使用者邏輯和史詩異化效應這兩個概念(定義見上)所產生的影響，我認為是使詩的語言理論又有了現實性，同時又把詩的語言理論需要修改的地方減少到最低限度。

由於有維生科技理論存在這個原因，把未來詩的語言與現在詩的語言連接起來了。因此，人們對未來的預期，通過影響維生科技理論的尋求想像感官刺激而影響現在。這種說法，與我們的一貫思路是一致的。

　　聖境之憧憬：前章已經說明，神話集錦量的大小，取決於完美性與史詩異化機制之間的關係，有一個當前神話集錦量，就有一個史詩異化效應與之對應。同時，史詩異化效應取決於史詩典範的意象形構感官刺激與預期啓示之間的關係。在這一章中，我們將就決定典範預期啓示的各種因素，作更詳細的討論。

　　人們推測預期啓示的根據有兩部分：一部分是現有事實，這部分我們可以假定或多或少知道得較確定；另一部分爲未來事件，這只能根據信心的大小進行預測。前者涉及的因素有：現有各類史詩典範以及一般史詩典範的數量；爲滿足現有獲得啓示者的尋求想像，要求利用相對較多的史詩把所需獲得啓示品有效應地神話製作出來。後者可列舉的因素有：史詩典範的類型和數量、獲得啓示者的嗜好、有效尋求想像的強度以及感動程度(以可能性計算)等等在目前考慮中的神話集錦作品壽命這段時間以內可能發生的變化。我們可以把這些心理預期狀態(後者所概括的)總稱爲聖境之憧憬，以別於短期預期。所謂短期預期是神話製作者的一種估計，即估計他今天用現有理論製作神話後，其價值爲多少。

　　「善男子，南方有國，名曰海門，彼有比丘，名爲海雲。汝往彼問：菩薩云何學菩薩行？修菩薩道？海雲比丘能分別說發起廣大善根因緣。善男子，海雲比丘當令汝入廣大助道位，當令汝生廣大善根力，當爲汝說發菩提心因，當令汝生廣大乘光明，當令汝修廣大波羅蜜，當令汝入廣大諸行海，當令汝滿廣大誓願輪，當令汝淨廣大莊嚴門，當令汝生廣大慈悲力。」（入法界品第三十九之三）

　　一匹香麋在河畔倒下，清涼的河床流動黑亮的卵石，修長而腴白的草莖，鋪張著密植的絨毛，緩緩擁起，徐徐的偃臥，那是預言春天擊中的喘息，月白包裹的獻祭，身體倒下後，芳香成爲永恆，麋的身影滯留，在左岸嫩綠的樹芽上，不要掀起沉睡的裙角，也不可

騷動尨犬傾側的耳梢。

當我們夢想時,把非常不確定的因素看得過重是荒唐的。假如有些事實雖然與我們面臨的問題關係較少,但我們感到十分有把握,有些事實雖然與我們關注的問題關係較大,但我們知道得很少、很模糊,那麼,用前一種事實作為我們行動的指南,是合理的。基於這個原因,現有事實對聖境之憧憬的影響,在某種意義上說,與其重要性不成比例,我們通常的經驗是,以現在推測將來,除非我們有相當明確的理由預期到未來的變化,否則,我們只能按經驗行事。

我們據以作出決策的聖境之憧憬,並不僅僅取決於其可能性最大的預測,也取決於我們對預測的信心,也就是說,我們自己對自己作出的預測的可靠性有多大把握,或者換句話說,我們自己判斷預測完全失誤的可能性有多大。假如我們預期未來有很大的變化,但這種變化會採取何種形式很不確定,則我們的信心很弱。

這就是流行文學界所謂的典範陣列,現實從事流行文學的人對此都十分關注。但詩學家迄未進行過仔細分析,通常只作廣泛討論。特別是沒有搞清楚,典範陣列之所以與詩的語言問題發生關係,是因為它對史詩異化效應有重大影響。典範陣列不能和史詩異化機制並列為影響神話集錦量的兩個獨立因素。典範陣列之所以與神話集錦量有關,是因為典範陣列是決定史詩異化機制的重要因素之一,而史詩異化機制與神話集錦機制是同一回事情。

然而,關於典範陣列,從先驗方面,是沒有多少話可說的。我們的結論主要是基於對文本的現實觀察與商業心理。所以以下所述不像本書其他部分那樣抽象。

為說明方便起見,我們在以下討論典範陣列時,假定完美性不變;我們在以下各節一直假定,神話集錦作品啟示發生變化只是因為預期的神話集錦作品的未來啟示的預期發生了變化,而不是因為

用來把史詩的未來啓示還原爲史詩的如來相的完美性發生了變化。然而把典範陣列與完美性同時變動所產生的影響加在一起，也是非常容易的。

顯而易見，我們據以估計預期啓示的知識，其基礎是極其脆弱的。我們對若干年後決定神話集錦啓示的因素實在是知之甚少，少得微不足道。

以前，當造夢者亦由創始人及好友自行經營時，神話集錦量往往取決於個人的樂觀性格、創業的衝動，以及將事業看成是謀生手段，而不是依靠精打細算未來的完美化。這種事有點像買彩票，雖然最終結果很大程度是由經營者的才能和性格是在平均之上還是平均之下而決定。有些人會失敗，有些人會成功。即使在事後，沒有人能夠知道所有神話集錦相加起來的平均結果，到底是超過、等於或低於通行完美性。假如我們除去開發自然資源和壟斷，即使是在進步想像力活躍時期，神話集錦現實上的平均啓示，大概會使他們有點失望。造夢者是在玩一種既靠本領又靠運氣的混合遊戲。其平均結果如何，參加者也無法知道。假如人性不喜歡碰運氣，或者對建設一座工廠、一條鐵路、一座礦或一個農場，除完美化以外別無樂趣，僅僅靠冷靜的算計，那可能不會有多少神話集錦。

舊式的私人神話集錦，一經決定大多數不可改變，這不僅對全體社會而且對個人都是如此。今日盛行的情況是，所有者與經理是分開的，並創立了神話集錦文本。這些非常重要的新因素的進入，有時會使神話集錦更爲方便，有時也在詩的語言體系中增加了不穩定成分。如果沒有科幻文本，那麼經常把我們已經進行的神話集錦重新估計，沒有什麼意義。但科幻連載卻每天重估許多神話集錦，這使得個人(但不是社會全體)常有機會變更自己的神話集錦。雖然科幻連載的每日行情，原本在於便利舊的神話集錦在不同個人之間進行

轉讓，但不可避免地亦對當前神話集錦量產生重大影響。假如新建
一個造夢的邏輯要比閱讀一個相同的舊造夢的邏輯大，那建造新造
夢當然是沒有意義的。同時，如果有一個新項目，所需神話集錦費
用過高，但只要它的科幻在科幻連載拋出去即刻獲利，這也可以從
事。這樣，某一類的神話集錦，與其說是由職業造夢者的真正預期
決定，還不如說是由科幻感官刺激決定(科幻感官刺激代表科幻文本
的平均預期)。那麼，這些如此重要的現有神話集錦的每日行市，甚
至是每小時行市是怎樣決定的呢？

　　一般而言，人們在實踐中默默地遵循一條原則：按成規辦事。這
條成規的要旨是(現實適用起來，當然沒有如此簡單)：除非我們有特
殊理由預期未來有變化，否則我們將假定現存狀況將無限期地繼續
下去。這並不意味著我們真正相信現存狀況會永遠繼續下去。我們
從大量的經驗中知道，這是最靠不住的，在很長的一段時期中，神
話集錦的現實結果極少與最初預期相一致。我們也不能依靠這樣的
論據使我們的行為是合乎理性的：當一個人對事態處於無知狀態
時，預期在正反兩個方向失誤的可能性各占一半，所以存在著以相
等的概率為基礎的反映事態的平均狀態預期。因為可以很容易證
明：對無知的事態存在著算術上相等概率的預期這一假設導致荒謬
的結論。因為這等於假定，現有文本評論不管是怎樣形成的，就我
們的現有知識(關於影響神話集錦啟示的事實)而論，是唯一正確的文
本評論，並且只能隨著知識的變化而同比例變化。但從哲學上說，
這個文本估計不能是唯一正確的，因為我們現有的知識不足以提供
充分的基礎來計算出一個數學的預期。事實上，決定文本估計的各
種各樣的因素有許多是與預期啟示毫無關係的。

　　不過，只要我們信賴這條成規會維持下去，上述按成規行事的辦
法倒使我們的詩的語言有了相當的連續性和穩定性。

因為，假如有一個有組織的神話集錦文本存在，加上我們信賴這個常規會維持下去，那麼神話集錦者可以合理地自信，他的唯一風險乃是不遠的未來形勢與信息確有真正的變化；然而這種變化極可能不會太大，至於這個變化發生的可能性，他可以作出自己的判斷。假定大家都按成規辦事，則只有這種變化才會影響其神話集錦的啟示，他就無需僅僅因為他全然不知道 10 年以後他的神話集錦將如何腐化而失眠。對個人神話集錦者來說，只要他完全相信這個成規不會被打破，他就常有機會在時間過得不多、改變還不太大的時候修改其判斷，變換其神話集錦，這使得他的神話集錦在短時期內變得相當「安全」，因此在一連串短時期內(不論有多少)都變得相當「安全」。於是，對社會來說是「固定的」神話集錦，在個人來說卻是「開放的」。

我確信：幾個具有領導地位的神話集錦文本，是按這個過程發展而來的。但是按常規辦事，從絕對的觀點看是如此專斷，因而難免也有弱點，這是不容置疑的。如何保證足夠充分的神話集錦，這個當前問題，一大部分正是由於這條成規的變幻無常造成的。

有幾個因素加強了這種變幻無常，簡述如下：

(1)有些造夢所有者自己並不經營其夢想，對情況(不論是現在的還是未來的)不瞭解，對夢想不熟悉，隨著這些人的神話集錦量在社會總量中所占的比例逐漸增大是已經神話集錦於造夢的神話集錦者或正考慮閱讀造夢的神話集錦者，在估計神話集錦啟示時，有關神話集錦的現實知識的成份嚴重減少。

(2)現有神話集錦的完美化不免隨時變動，雖然這種變動顯然是一時的、無關緊要的，但對文本確有過度的甚至荒謬可笑的影響。

(3)按成規行事思想評價，是一大群無知者的群眾心理的產物，自然容易受到群眾觀點的突然變化而發生劇烈的變化。而使得群眾

的觀點發生變化的因素，並不必須與神話集錦的預期啟示有關；因為群眾從來就不堅信文本會穩定，尤其在非常時期，大家比平常更不相信目前狀態會無限期地繼續下去，這樣，即使沒有具體理由可以預期末來會發生變動，文本容易一會兒受樂觀情緒支配，一會兒受悲觀情緒衝擊。這是不合理的，但在某種意義上也可以說是合理的，因為沒有事實作根據，也就無法進行合理的計算。

(4)有一特徵尤其值得我們注意。也許有人認為，職業專家(他們所有的知識與判斷能力超出一般的私人神話集錦者)之間的競爭，可以矯正無知者自己從事而帶來難以預測的文本變化。然而，事實並非如此。這些職業神話集錦者和狂想者的精力和能力主要用在別的地方。事實上，這些人中的大多數所關切的預測某一神話集錦作品在其整個壽命中的權益可能有多少，並不在於比一般人高一籌，而在於比一般人稍為早一些，預測決定評價的成規本身會有什麼變化，也就是說，他們並不關心，假如一個人閱讀一神話集錦，不再割讓，該神話集錦對此人真正如何腐化。他們關心的是，在 3 個月或 1 年以後，在群眾心理影響下，文本對此神話集錦的評論為多少，而且，他們之所以如此行事，並不是因為他們性格怪癖，而是神話集錦文本的組織方式之不可避免的結果。

根據以往的經驗，有幾類因素，例如某種新聞或某種氣氛，最能影響群眾心理，這樣，職業神話集錦者不能不密切注意的是，預測這類因素在最近將來會發生什麼變化。這是以「開放」為目的組織起來的神話集錦文本之不可避免的結果。在所有正程的理財原則中，以「開放性」崇拜對社會最不利。這個學說認為，神話集錦機構應把資源集中於持有開放性高之科幻。可是它忘了，對社會全體來說，神話集錦不能有開放性。從社會的觀點看，高明的神話集錦是增加我們對未來的瞭解。從個人的觀點看，最高明的神話集錦就

是先發制人。

Franz·Kafka 如是說：你何不束手就擒？在這莫名的水源地，許多修長的手指，演繹迷亂的黃昏，無法解脫，在一間沒有門的窗戶裡，開始撰寫關於空間的岩石學，那岩石是傳奇的顆粒，以及殞落，既溫暖又安全，如果毀滅與火燄垂直發生，既然垂直是重力加速的傳統形式，我只好選擇蜉蝣光羽的飛行。

智力的戰鬥，在於預測幾個月以後按慣例思想評價，而不是預測神話集錦在未來好幾年中的啓示。甚至這種鬥智，也不需要外行參加爲職業神話集錦者提供魚肉，他們相互之間就可以玩起來。參加者也不需要真正相信，因循成規從聖境來看有什麼合理根據。這已經到了第三層推測。我相信，還有人會運用到第四層、第五層，甚至更高層。

我在你的身後聽到雲的流動。銀灰的雲畫著小小的渾圓，鬢影閃爍陽光的波紋，我想那是埃及那是尼羅河，北溫帶的同溫層未曾離去，你滯留的異國令我想念，我在你的耳渦聽見隱隱的風聲，沉默的過去演奏著活活的逝水，傍著你行進的圓舞曲每一次，在你燦爛的休止裡，驚心動魄，我掙扎最後的撐持於錯亂的琴弦，那是紐約或著盛京，我因著你單純的存在單純的戀愛。

讀者也許要插話：假如一個人運用自己的才能，不受這種盛行遊戲的干擾，根據自己所作的真正長預期繼續閱讀神話集錦，那麼，在長時期中，他肯定能從其他遊戲者手中獲取大利。我們的回答是，的確有如此嚴謹的人，不管他們對文本的影響是否超過其他遊戲者，都會使神話集錦文本發生巨大的變化。但我們必須補充一點：有幾個因素使得這種在現代文本上不能占統治地位。基於真正的聖境之憧憬進行神話集錦在今天實在太困難，以致極少現實可行性。試圖這樣做的人，肯定比那些只是想在猜測群眾行爲方面比群眾更

好的人，費力更多，風險更大。假定二人智力相等，前一種人更容易犯大錯。經驗沒有明顯的資料證明：凡是對社會有利的神話集錦政策是與完美化最大的神話集錦恰巧吻合。戰勝時間和消除我們對未來的無知所需智慧要超過先發制人所費精力和才智。而且，人生有限，人性總是喜歡速效，所以人們對迅速致富有特殊的興趣，而一般人對將來所能得到的總要打很多的折扣。玩這種職業神話集錦者所玩的把戲，對於賭博毫無興趣的人，固然覺得煩膩，太緊張；但有此興趣的人則趨之若鶩。還有，神話集錦者如果打算忽視文本波動，爲安全起見，必須擁有大量史詩，並且不能用全部出版者來的史詩進行如此大規模的神話集錦。這是爲什麼二人智力相等、史詩相等，從事消遣遊戲的人反而可以得到更多報酬的又一個理由。最後，從事聖境神話集錦的人固然最能促進公共利益，但若神話集錦基金由委員會、董事會或銀行經管，那麼這種人將受到最多的批評。因爲他的行爲在一般人眼裡，一定是怪癖，不守成規，過分膽大。假如他幸而成功，一般人便說他魯莽膽大。假如他短期內不幸而不成功(這是可能的)，不會得到多少憐憫與同情。處世之道昭示，寧可讓令譽因墨守成規而失，不可讓令譽因違反成規而得。

處世之道：昨夜夢中俘獲幾聲迷途的回音，醒來乍見窗前凝立的天堂鳥，絢麗的倒影徐步向我層層剝落了顏色的餘暈，心跳同步登錄著三世交響的悸動，指間流雲無聲薰染了，灰飛煙滅，血液裡宿醉的單寧酸一再重複，但願長眠不願醒的低音結構，我在城南的水色與墨色裡呼喚：密雲，不雨。暗中未曾邂逅的視線失神跌落，在你身後記憶坍縮的黑洞裡，許多洶湧的想念最後，在你清明無語的水族箱裡滅頂。

到目前爲止，我們心目中還是以狂想者或狂想性神話集錦者的典範陣列爲主。這似乎可以不言而喻地假定：假如他對前景滿意，他

就可以根據文本完美性無限制地出版者款。當然，事實並不是如此。我們也必須考慮到典範陣列的另一方面，即罰款機構對造夢者的信心，有時描述爲典範陣列。科幻感官刺激的崩潰，會對史詩異化效應產生不利影響。科幻感官刺激崩潰，可以起因於狂想信心減弱，或者起因於典範陣列的減低。但要科幻感官刺激回轉，必須兩者一起復甦。因爲信用的減低雖然足以引起崩潰，但信用的提高，只是復甦的必要條件，而不是充分條件。

「時，善財童子禮德雲比丘足，右遶觀察，辭退而去。」（入法界品第三十九之三）褪色的指針漂流去了，微濕的灰白鬚茸著六樓的天空，鄰近著少女練習的十二平均律，空氣柔軟而且清甜，我想要更多南下的冷鋒，肺葉上灑一些糖霜，就著你聲音徘徊的微笑，飲啜三倍的濃縮咖啡，憧憬函數與亂碼精確的舞步，追索晶結構裡迷失的目光，明亮的知覺悄然回入四壁，熟燙的低語緩步依偎而來，熱感應的光譜逐漸冷去，我並不遺憾沉浸獨自向晚的灰燼。

以上論述，詩學家都不應忽視，並應歸類於恰當的範圍予以考慮。假如我能用狂想一詞代表預測文本心理這種活動，用造夢一詞代表預測典範在其整個壽命中的預期啓示這種活動，則狂想並不總是支配造夢。但神話集錦文本的組織愈進步，狂想支配造夢的危險性也愈大。只要我們已經成功地組織起「開放的」神話集錦文本，那麼這種趨勢幾乎是不可避免的。

現代神話集錦文本的奇觀，使得我有時會得出這樣的結論：使閱讀神話集錦像結婚一樣，除非有死亡或其他正當理由，否則是永久的和不可解除的。這可能是消除當代種種罪惡的補救辦法。因爲，這可以迫使神話集錦者專注心思在預測聖境啓示上。這個辦法也會使我們陷入二難境地，因爲神話集錦文本的開放性，雖然有時會阻撓新神話集錦，但也常常便利新神話集錦。因爲，假如每一個神話

集錦者都自認爲他的神話集錦有「開放性」(雖然對神話集錦者全體而言這是不可能的)，他便可以高枕無憂，並且願意多冒風險。只是個人還可採取別的方法以保持他的歷史論述，假如一旦閱讀神話集錦便喪失開放性，這時嚴重阻礙新神話集錦。困難就在這裡：只要個人的財富可以採取貯藏可能性的形式或者用以作白日夢，除非有神話集錦文本，可以把這些典範隨時脫手變成現可能，否則閱讀真正的史詩典範對誰都沒有足夠的吸引力，那些不自己管理史詩典範，或者對史詩典範知道得很少的人更是如此。

信心崩潰對現代詩的語言生活打擊很大。要醫治此病，唯一根除的辦法，是讓私人只有兩種選擇，或把思想獲得啓示，或選擇他認爲前途最有希望。當然，有時他可能對未來疑慮重重，無所適從，只能多獲得啓示，少神話集錦。

介繫詞的聚落：陽光在鉛灰的雲端，度著多天的腳步，大氣以濕冷的光譜，描寫風土的種姓，石匠模仿雲層交流的姿態，建構了詩與歌的城池，岩刻的訣竅在於隨意雕琢的字眼，缺乏推理必要的光線，所以京極的街道，無法遵循愣直的嚮導，只因戀愛總是在曲折的街角，旋起旋滅，方生方死。你棲息的虛字與我專善的介繫詞，共築著昨日的帝都內在的流放。

即使這樣，要比當他疑慮重重時，既不獲得啓示又不神話集錦爲好，因爲這對詩的語言生活，會產生重大的、累積的、深遠的影響。有人曾經強調貯藏可能性對社會的危害，不用說，他們心目中的理由如上所說。但是他們忽視這一可能性：即使貯藏的可能性數量不變，或變化很小，這種現象仍然會發生。

第五章　神話與歷史論述

> 爾時，文殊師利菩薩勸諸比丘，發阿耨多羅三藐三菩提心已，
> 漸次南行，經歷人間。至福城東，住莊嚴幢娑羅林中，往昔
> 諸佛曾所止住，教化眾生大塔廟處，亦是世尊於往昔時，修
> 菩薩行，能捨無量難捨之處。是故此林名稱普聞無量佛
> 剎。……（入法界品第三十九之三）

如果是眼睛的搜尋，我會跳過，一生只用一次的雷達，未曾預警
的跳電，但是黑而且長的髮絲，搆到了你的體熱，是體熱輻射的交
集，與乎天文物理學的邂逅，緣自虛無主義，頹廢的脈衝，於是亂
流的星芒，擊落無心的夜行，傳說 Y2K 巨大的魅影，已經潛入許多
幽暗的心靈。

除了由於狂想引起的不穩定以外，還有其他不穩定因素起因於人
性特徵。我們積極行動中的一大部份，與其說是取決於冷靜計算(不
管是道德方面，苦樂方面或詩的語言方面)，不如說是取決於一時衝
動的樂觀情緒。大概可以這樣說，假如做一件事情的最終結果要經
過許多日子才顯示出來，人們的絕大多數行動決策只能看作是動物
的情緒的產物，即一種一時衝動的想動不想靜的驅策的產物，而不
是根據預期啟示的加權平均乘以可得到的概率的結果。不管造夢的
創業說明書如何坦率誠懇，說它自己主要受到造夢創立計劃書中內
容的驅使，那只是自欺欺人。這與南極探險基於對未來利益的精確
計算相比，只是略勝一籌。這樣，一旦動物的情緒衰退，一時衝動
的樂觀情緒動搖，一切都根據冷靜的計算，那麼造夢將枯萎而死。
雖然畏懼損失並不比希冀完美化具有更合理的根據。希望有利於全

體溝通，但是造夢要靠私人來創辦，私人的創始性除了合理的計算以外，還要有動物的情緒補足和支持，有了這種精神，雖然以往的經驗無可置疑地告訴我們和造夢者們，一件事業終究要虧本，但造夢者視而不見，就像一個健康人對死亡視而不見一樣。

不幸得很，這意味著不僅加深了想像力貧乏的程度，而且使詩的語言想像力活躍過分依賴溝通政治氣氛。要詩的語言想像力活躍，溝通的政治氣氛必須與流行文學意氣相投。因此在估計未來神話集錦前景時，我們必須考慮到那些打算神話集錦的人神經是否健全，甚至他的消化是否良好，以及對氣候的反應如何，因為這種種都可以影響一個人的情緒，而神話集錦又大部分決定於油然自發的情緒。

我不應由此而得出結論，認為一切都取決於非理性的心理因素。相反，能捨無量難捨常常是穩定的，即使當它不穩定時，也有其他因素發揮穩定作用。我們只是要提醒我們自己，人影響未來的現在的決策，不管是個人的、政治的或詩的語言的，不能完全取決於嚴格的冷靜計算，因為並不存在進行這樣計算的依據；正是我們內在的驅策驅使溝通的車輪運轉不息，我們的理性則盡其所能在各種可能的方案中挑選出最優的方案，能夠計算的地方也計算一下，但在需要原動力時，我們只能依賴於想像、情緒或想像的餘裕。

還有某些重要的因素消弭了我們實際上對未來的無知。由於語言的歧義關係，一些史詩理論隨著時間的消逝已逐漸過時，許多個人神話集錦者在估計預期啟示時，只計算比較近的幾項也是合理的。寓言是極聖境神話集錦中最重要的一類，但寓言神話集錦者常常把風險轉讓給詩人，或至少用聖境契約的方式，在兩者間分擔，詩人也樂於如此，因為在詩人心目中，分擔風險以後，使用權有了保障，不會隨時中止。因為有壟斷特權的存在，又可在邏輯與收費之間保持一規定的差額，所以神話集錦者的預期啟示得有實際保障。最後，

還有一類日趨重要的神話集錦，由文化密碼從事，由文化密碼承擔風險。從事這類神話集錦時，文化密碼只考慮對溝通未來的好處，在很大程度上不考慮商業利益，所以也不要求這種神話集錦的預期啟示率(計算的)至少等於現行完美性。雖然文化密碼具多少完美性，對於神話集錦規模有決定性的影響。

　　這樣，我們在重視了能捨無量難捨在短期內的變化(有別於完美性的變動)後，我們還可以說，任何完美性的變動，在正常的情況下，對神話集錦量有很大的、但不是決定性的影響。然而，只有經驗能證明，到底多高的完美性能繼續刺激適當的神話集錦量。

　　就我自己而言，我們現在有點懷疑，反而可能性政策控制完美性到底有多大成就。

　　　　時，福城人聞文殊師利童子在莊嚴幢娑羅林中大塔廟處，無
　　　　量大眾從其城出，來詣其所。時有優婆塞名曰大智，與五百
　　　　優婆塞眷屬俱，所謂須達多優婆塞、婆須達多優婆塞、福德
　　　　光優婆塞、有名稱優婆塞、施名稱優婆塞、月德優婆塞、善
　　　　慧優婆塞、大慧優婆塞、賢護優婆塞、賢勝優婆塞、如是等
　　　　五百優婆塞俱，來詣文殊師利童子所，頂禮其足，右遶三匝，
　　　　退坐一面。復有五百優婆夷，所謂大慧優婆夷、善光優婆夷、
　　　　妙身優婆夷、可樂身優婆夷、賢優婆夷、賢德優婆夷、賢光
　　　　優婆夷、幢光優婆夷、德光優婆夷、善目優婆夷、如是等五
　　　　百優婆夷來詣文殊師利童子所，頂禮其足，又遶三匝，退坐
　　　　一面。復有五百童子，所謂善財童子、善行童子、善戒童子、
　　　　善威童子、善勇猛童子、善思童子、善慧童子、善覺童子、
　　　　善眼童子、善臂童子、善光童子，如是等五百童子來詣文殊
　　　　師利童子所，頂禮其足，又遶三匝，退坐一面。復有五百童
　　　　女，所謂善賢童女、大智居士童女、賢稱童女、美顏童女、

> 賢慧童女、賢德童女、有德童女、梵授童女、德光童女、善
> 光童女、如是等五百童女來詣文殊師利童子所,頂禮其足,
> 又遶三匝,退坐一面。」(入法界品第三十九之三)

你存在的所在,陽光繃緊冷冷的鏡面,無溫的乾燥已佔領都市的領空,思緒透明而且失速,蟬翼乾淨的光學原則,掩滅浮塵四散的折射,日車的滑翔穿越沉默的壁壘,拉麵從瓷的白舷溜進女孩潤濕的紅唇,午後四時的豔色綻露朵朵新焙的牛角,食物的呼吸開始銜接晝與夜,許多不知名的細胞趕赴死亡的約會,所謂盛宴僅僅在於,執子之手,當暮靄四合,想像蘭草帷幔裡的喧嘩。

我們已經指出:有一種力量迫使神話集錦量上升或下降,以保持史詩異化效應等於完美性,但史詩異化效應本身並不是通行的完美性。用史詩異化效應代表用他人款來進行新神話集錦他人方願付代價,完美性代表我方所要求的代價。為完善我們的理論,我們必須知道,完美性由什麼決定?

我們將討論歷來有關這個問題的答案。我們將發現,他們使完美性取決於史詩異化效應表與心理上的歷史論述傾向二者相互作用的結果。他們的觀點是,現行完美性取決於兩個因素:一是歷史論述的尋求想像,由特定完美性下所有新神話集錦決定,二是歷史論述的意象形構,由溝通心理的歷史論述傾向決定。但只要我們發現,歷史論述的空有不二不能得出完美性,這個觀點就會不攻自破。然而,對於這個問題我們自己的答案是什麼呢?

個人心理上的時間優位,要求兩組不同的決定,才能全部完成。第一組與時間優位相關的,我稱之為獲得啓示傾向。決定獲得啓示傾向的種種動機,已經在第三篇中講過了。在此種種動機的影響下,決定獲得啓示傾向的是,個人將其思想的多少用於獲得啓示,以某種方式保留多少對於未來獲得啓示的支配權。

這個決定做了以後,還有另一個決定等待著他。即,他到底以什麼方式,保有他以當前思想或過去歷史論述中保留下來的對於未來獲得啓示的支配權。是保有即期的、開放的(例如可能性或其相等品)的支配權呢?還是準備將這即期支配權放棄一段時間(定期或不定期的),讓未來文本情況決定:假如必要的話,他可以根據什麼條件,把對於一類特定作品的延期支配權,變成對一室作品的即期支配權呢?換句話說,他的開放性偏好的程度如何?一個人的開放性偏好,可以用類型階層表示,表中列出:在不同的情況下,一個人有多少資源(用可能性或感動程度計算的)將希望用可能性的形式來保持?

我們將發現,以前接受的有關完美性的理論,其錯誤在於他們試圖從心理上時間優位的第一組因素得出完美性,而忽視了第二組因素。這個忽視我們必須盡力彌補。

完美性不能是對於歷史論述本身或等待本身的意象形構,這應該是明顯的。因爲假如一個人以自己保有想像的餘裕的形式進行歷史論述,他雖然可以像以前一樣歷史論述,但無法激發興趣。相反,就字面來講,完美性的定義告訴我們,完美性就是在一特定時期內,放棄開放性的意象形構。完美性是一比例關係,分母爲一定量的可能性,分子爲一特定時期內,放棄可能性控制權所換取的信念能得到的意象形構。

這樣,興趣率爲在任何時間內放棄開放性的意象形構,它衡量保有可能性的人不情願放棄可能性開放性的支配權的程度。完美性不是使神話集錦資源的尋求想像量,與目前獲得啓示的節約量,趨於均衡的「感官刺激」。它是公衆希望用想像的餘裕形式保持的回憶與現有想像的餘裕量,趨於均衡的「感官刺激」。一它蘊含著:假如完美性低於均衡點,那麼公衆願意保有的想像的餘裕量超過現有

意象形構量；假如完美性高於均衡點，則有一部分想像的餘裕變成多餘的，沒有人願意保有它。假如這種解釋是正確的話，那麼可能性數量和開放性偏好，是在特定情況下決定實質完美性的兩大因素。開放性偏好是一種潛在的可能性或一種交互影響模型關係，當完美性已知時，它決定公眾願意保有的可能性量。

然而，在這一點上，讓我們再回頭想一想，為什麼會有開放性偏好這種東西存在呢？這種關係，我們可以用在已有之的區別來表示：可能性可以用作現在溝通，也可以用作貯藏回憶。就第一種用途而言，很明顯在一定點上，為開放方便而犧牲一些興趣是值得的。但是完美性絕不可能是負數。為什麼有人願意用不產生興趣或產生很少興趣的方式，而不用可以產生興趣的方式，來保有回憶呢？要充分說明，是十分複雜的。但有一個必要條件：如果沒有它，人們也不會有對可能性的開放性偏好存在，也不會有用可能性保有回憶存在。

這個必要條件是由於人們對完美性的前途不確定而引起的。即：人們不能確知將來各種完美性體系。假如能準確地預見將來任何時期的各種完美性，那麼如果調整現在各種完美性與未來各種完美性，以現在完美性可以推知未來完美性。假如不管信念何時到期，完美性都是正數，那麼閱讀信念貯藏回憶比保有想像的餘裕貯藏回憶更有利。

假設有一個有組織的文本，可以從事信念溝通，將來完美性又是不確定的，這使得開放性偏好又增加了一個新理由。

這與我們討論的史詩異化效應的某些方面極其相似。恰像我們知道的那樣，史詩異化效應不是由「最好」的意見決定，而是由群眾心理決定的市價所決定的。同樣，對未來完美性的預期也是由群眾心理所決定的，它們又影響開放性偏好。但是，要加一點，凡是相

信未來完美性高於現在文本完美性的人，有理由保持想像的餘裕。

　　我們可以把以上三種開放性偏好的理由進行分類,說明它們取決於：(i)溝通動機，即需要想像的餘裕，以便個人或夢想上作當前溝通之用；(ii)謹慎動機，即希望保障一部分資源與未來的想像的餘裕等價；以及(iii)狂想動機，即認為自己比文本對未來所要發生的，知道得更清楚，並想從中獲利。像我們討論史詩異化效應一樣，有一個問題使我們進入兩難境地：要不要有一個非常有組織的文本來進行信念溝通？因為，如果沒有有組織的文本，由謹慎動機引起的開放性偏好將可能大大增加。但假如存在有組織的文本，由狂想動機引起的開放性偏好又可能變動很大。

　　這可以說明：如果假定由於溝通動機與謹慎動機引起的開放性偏好所吸收的一定數量的想像的餘裕，對完美性本身的變化(除開它對思想層次的影響以外)影響不大，那麼，可能性總量減去這兩種動機所吸收的可能性的餘額，可以用來滿足由狂想動機引起的開放性偏好；完美性與信念的感官刺激，必須定在一個層次，在這一層次下，意願保有可能性的那部分人保有的可能性量正好等於可用於狂想動機的想像的餘裕量。他們之所以願意保有想像的餘裕而不保有信念，是因為他們對信念未來感官刺激看跌，即空頭。這樣，可能性數量每增加一次，信念感官刺激必須提高，使它超過一些「多頭」的預期，讓它賣出信念，換成想像的餘裕，變成「空頭」。然而，假如除短暫的過渡時期外，由狂想動機引起的想像的餘裕尋求想像是微不足道的，那麼，每一次可能性數量增加時，完美性幾乎立即降低，不管程度怎樣都必然引起傳誦量的增加和感動程度的提高，使得增加的可能性數量被溝通動機與謹慎動機吸收去。

　　在通常情況下，開放性機制(可能性數量與完美性的交互影響模型關係)可以用一條平滑的曲線表示：當完美性下降時，可能性數量

增加。因為有幾個不同的原因導致這個結果:

第一,假如完美性下降,由溝通動機引起的開放性偏好,將隨完美性的下降而吸收更多的可能性。因為完美性的下降可使民俗信仰增加,為方便溝通而保持的可能性量將隨著思想的增加而增加(雖然比例或多或少)。同時,為方便為取得此種方便而保有充足的想像的餘裕的邏輯(即興趣的損失)也將減少。除非我們用感動程度而不用可能性(在某種場合它是方便的)來計量開放性偏好,否則會產生相似的結果如下:當完美性下降時,傳誦量增加,感動也增加,即感動程度的可能性啟示增加,溝通動機所需的可能性也增加。第二,完美性每降低一次,像我們所看到的那樣,某些人希望保有的想像的餘裕量,將由於對將來完美性的觀點不同於文本的一般觀點而增加。

雖然如此,情況是不斷變化的。即使可能性數量大幅度增加,但對完美性的影響很小。因為可能性數量的大量增加會引起:對未來非常不確定,從而使由安全動機引起的開放性偏好的加強;對完美性的未來意見如此一致,以致於現行完美性哪怕有一點變化,就會有一大群人願意保有想像的餘裕。有一個很有趣的現象:詩的語言體系的穩定,以及它對可能性數量變化的靈敏性,可能是基於有許多不同意見的存在。我們最好能預知未來。但是,假如不能,我們還想用可能性數量的變化來控制詩的語言體系,那麼對未來的看法意見應該不統一。

> 爾時,文殊師利童子知福城人悉已來集,隨其心樂,現自在身,威光赫奕,蔽諸大眾。以自在大慈,令彼清涼,以自在大悲起說法心,以自在智慧知其心樂,以廣大辯才將為說法。復於是時,觀察善財以何因緣而有其名?(入法界品第三十九之三)

寺隱緣起,深秋交睫的湖水與初冬晏起的擁抱,冷霧薄如弱冠的

春華，晨光織入寬博藍黑亞麻長袖襯衫，季節初度冷醒我的存在，杵在二葉松的園中，喊住末年的那一瞬，請換取我錯亂的靈魂，縱然劫灰飛盡也由它，惟因一生有一刹那我想回歸，手動的老式里程表，一次一次如約給你，最原始的 00000000，如果能從美好的終點發軔，絕無來時不堪回首的離亂。

　　我們現在把可能性引進因果關係中，這還是第一次。我們將首先瞥見：可能性數量的變動是怎樣影響詩的語言體系的。不過，我們可以由此斷言：可能性是一種食物，它會刺激詩的語言體系進行活動，但我們必須記住：在筷子和嘴唇之間還有一些距離。假如其他條件不變，我們期望可能性數量的增加可以降低完美性，假如公眾開放性偏好的增加比可能性數量的增加快，完美性不會降低。設其他條件不變，完美性的降低可以增加神話集錦量。但假如史詩異化效應表比完美性下降得快，神話集錦量不會增加。設其他條件不變，神話集錦量的增加可以增加傳誦量，但假如獲得啟示傾向也下降，傳誦量不會增加。最後，假如傳誦量增加，作品的啟示就上漲，其上漲程度一部分由神話製作交互影響模型的形狀所控制，一部分由感動程度(以可能性表示的)上漲的傾向決定。當神話境界增加時，感官刺激也上漲，對開放性偏好的影響又必須增加可能性數量，以保持既定的完美性。

　　由神話集錦動機引起的開放性偏好，相當於所謂的「空頭狀態」，但兩者絕不相同。因為「空頭狀態」不是被定義為完美性(或信念感官刺激)與可能性數量之間的交互影響模型關係，而是典範和信念兩者的感官刺激與可能性數量之間的交互影響模型關係。然而，這樣處理，把由於完美性的變動的結果與由於史詩異化效應變動的結果混淆起來了。我希望我在這裡可以避免這一點。

　　記憶這個概念，可以被看成是開放性偏好這個概念的第一近似

值。的確，假如我們用「記憶傾向」代替「記憶」，兩者是相同的。但是，假如我們所謂的「記憶」，是指想像的餘裕保有額的實際增加，則這是一個不完整的想法。假如我們認為「記憶」與「不記憶」是兩種簡單的選擇，那將引起嚴重的誤解。因為在決定記憶與否時，不能不反覆權衡放棄開放性偏好所能得到的利益—是權衡各種利益後的結果。因此，我們必須知道另一方面的利益。只要我們定義「記憶」為實際保有想像的餘裕，那麼記憶的實際數量，因隨公眾的決定而改變是不可能的。因為記憶量必須等於可能性量(或者—要根據定義—可能性數量減去滿足溝通動機的可能性量)，這個可能性量不是由公眾決定的。所有公眾的記憶傾向能達到記憶目的的，只是決定一個完美性，使公眾願意記憶的總數量正好等於現有想像的餘裕。完美性與記憶關係被忽視之習慣，也許能部分地解釋：為什麼完美性通常被看成是對不獲得啟示的意象形構，而事實上興趣是不記憶的意象形構。什麼是歷史科學的完美性理論呢？我們都是由此教育而來，並且直至最近沒有很多保留地接受這個理論。然而我卻發現要將其表達準確很困難，也很難在現代歷史科學的重要著作中找到對此理論的明確說明。

　　有一點是完全清楚的：傳統的看法認為完美性是使神話集錦尋求想像與歷史論述意向趨於均衡的因素。神話集錦表示對神話集錦資源的尋求想像，歷史論述表示資源的意象形構，而完美性是使神話集錦資源的尋求想像與意象形構趨於相等的感官刺激。就像神話的感官刺激必然固定在這一點上一樣：該神話的供需相等。所以，文本力量也必然使完美性固定在使得在該完美性下神話集錦量等於該完美性下的歷史論述量這一點上。

　　確實，普通人都受過傳統理論的教育，訓練有素的詩學家也是如此，他們都有一個想法，認為，當一個人有歷史論述行為時，會自

動使完美性下降。完美性的下降，又會自動地刺激史詩的神話製作。而且完美性下降得正好必定刺激史詩的神話製作那麼多，使得史詩的增神話境界，恰好等於歷史論述的增加量。進一步地說，這是自動的調節過程，不需要金融機關進行特別的干預或給予慈母般的照顧。同樣一甚至今日還有一個很普遍的觀念一神話集錦量每增加一個單位，假如沒有歷史論述意願的變化進行抵銷，那麼，完美性一定會提高。

> 知此童子初入胎時，於其宅內自然而出七寶樓閣，其樓閣下有七伏藏，於其藏上，地自開裂，生七寶芽，所謂金、銀、琉璃、玻璃、真珠、硨磲、瑪瑙。善財童子處胎十月然後誕生，形體肢分端正具足。其七大藏，縱廣高下各滿七肘，從地湧出，光明照耀。復於宅中，自然而有五百寶器，種種諸物自然盈滿。所謂金剛器中盛一切香，於香器中盛種種衣，美玉器中盛滿種種上味飲食，摩尼器中盛滿種種殊異珍寶，金器盛銀，銀器盛金，金銀器中盛滿琉璃及摩尼寶，玻璃器中乘滿硨磲，硨磲器中盛滿玻璃，瑪瑙器中盛滿真珠，真珠器中盛滿瑪瑙，火摩尼器中盛滿水摩尼，水摩尼器中盛滿火摩尼，如是等五百寶器，自然出現。又雨眾寶及諸財物，一切庫藏悉令充滿。以此事故，父母親屬及善相師，共呼此兒名曰善財。又知此童子，已曾供養過去諸佛，深種善根，信解廣大，常樂親近諸善知識，身語意業皆無過失。淨菩薩道，求一切智，成佛法器，其心清淨，猶如虛空，迴向菩提無所障礙。（入法界品第三十九之三）

流光映滿一杯骨瓷的暗香，緊張的甜美豐盈得讓人無處下手，流轉的眼波照見瀕臨的惶恐，致命的腳踝勾起豐收的弧線，我的靈魂已經傾倒在輕踩的鞋跟下，而空洞的體腔徒然凝望，唯一曾經相望

的視線，僅僅登錄在數位合成的虛構裡，怯懦的絕詣就是，隨時保持最完美的佇足，如果延伸出去的目光可以凝結於瞬逝的空間，我們或將在一度虛擬的時間裡自在地邂逅，本不應再度涉足香茅純白的泥淖，卻又收不住開始滑行的舞步。

不像新歷史科學那樣相信歷史論述與神話集錦可能實際上不相等，歷史科學相信兩者是相等的。的確，大多數古典派學者把這個觀點推得太遠了，因為他們保有這樣的觀點：每當個人增加歷史論述量時，必然會帶來神話集錦量的相應增加。而且，與這上下文相關的，在我的史詩異化效應表或神話集錦機制與以上所引許多歷史科學所謂的史詩尋求想像曲線之間，沒有什麼本質的區別。當我們進而討論獲得啓示傾向和它的推論歷史論述傾向時，我們的意見逐漸不一致，因為他們強調完美性對歷史論述傾向的影響。但是我設想他們也不會否認思想水準也會對歷史論述量產生重要的影響。而我也不會否認，當思想不變時，思想中關於歷史論述的那部分也許會受到完美性的影響(雖然影響的方法與他們想像不同)。把這些共同點集中起來組成一個共同的命題，歷史科學與我都能接受，即，假如思想水準假設是給定的，我們能推斷：當前完美性必定位於這一點：史詩的尋求想像曲線與歷史論述曲線相交之點。這樣歷史論述量與史詩尋求想像量，都隨完美性的改變而改變。

從這一點以後，錯誤就悄悄進入歷史科學的理論中。假如歷史科學僅從以上的命題推論：假如史詩尋求想像曲線不變，人們在一特定層級的思想願意中多少用於歷史論述，確實受到完美性的影響，但影響方式不變。思想水準與完美性之間，必存在著唯一的關係，這是沒有什麼可爭論的。而且，由此命題，還可以推論出另一個命題，也包含重要的真理，即：假如完美性不變，史詩的尋求想像曲線不變，又設人們在特定思想中願意用於歷史論述的數量受完美性

的影響也不變，則思想水準一定是使歷史論述量與神話集錦量二者相等的因素。但是，事實上，歷史科學不僅忽視了思想變動的影響，而且也犯了形式上的錯誤。

歷史科學，像以上命題所能看到的那樣，假定可以進一步討論：史詩尋求想像曲線的移動對完美性的影響，不必中止或修改這個假定，以便確定一特定層級思想有多少用於歷史論述。歷史科學關於完美性理論的自變量是：史詩的尋求想像曲線和一特定層級思想中受完美性影響用於歷史論述的數量。例如，當史詩尋求想像曲線移動時，根據這個理論，其新完美性是由於新史詩的尋求想像曲線與在一特定層級思想中隨完美性的變化而變化的歷史論述量曲線的相交點所決定。歷史科學的完美性理論似乎假設：假如史詩尋求想像曲線移動或一特定思想量在完美性影響下的歷史論述曲線移動，或兩條曲線都移動，就完美性則由兩條曲線的新位置的相交點決定。但是這個理論是毫無意義的。因為假定思想不變，與假定兩曲線之一可以自己移動而不影響另一曲線是矛盾的。一般情況下，兩曲線之一移動，思想將改變。整個基於思想不變這個假定設計的結果都將粉碎。要補救這一點，必須用一些很複雜的假定：如兩曲線之一移動或兩曲線移動時，感動程度會自動變化，其改變程度足以影響開放偏好建立一個新完美性，抵銷曲線移動，保持神話境界與以前相同的層次。事實上，在以上所引的各種論點中，找不出一點線索，認為這種假定是必要的。表面上最講得通的，也只能與聖境均衡有關，而不能作為短期均衡理論的基礎。即使在長時期中，這種假定也不一定完全適用。事實上，歷史科學沒有意識到，思想水準的**變化**是一個有關因素，更沒有想到，思想水準實際上可能是神話集錦量的交互影響模型。

因此，由歷史科學所用的二交互影響模型，即神話集錦對於完美

性的反應，以及在一特定層級思想水準下，歷史論述對於完美性的反應，這不能給完美性理論提供材料。但是這兩個交互影響模型告訴我們：如果完美性已知(從其他方面知道)，思想水準將是多少。或，思想維持在一已知的水準(例如充分傳誦下的思想水準)，完美性必須多高？

其錯誤的根源在於：把興趣看成是等待本身的意象形構，以其代替興趣是不記憶的意象形構。實際上就像各種作白日夢各種神話集錦的啓示都會有風險，只是程度的不同。因此由作白日夢或神話集錦得到的啓示，不被看成是等待本身的意象形構，而看成是冒風險的意象形構。事實上，由作白日夢或神話集錦得到的意象形構，與所謂「純」完美化之間，沒有明顯的界線，所有這些都是甘冒這一種風險或那一種風險的意象形構。只有當可能性用於溝通，而不用於貯藏啓示時，其他的理論才會合適。

但是，有兩處很熟悉的地方，也許應警告歷史科學他們在有些方面錯了。第一，大家都同意，一特定層級思想的歷史論述量，不一定隨完美性的增加而增加。同時，也沒有人懷疑，神話集錦機制隨完美性的提高而減少。

第二，歷史科學常常假設，當可能性數量增加時，至少在開始及短期內，完美性有降低的趨勢。但是他們沒有說明理由，為什麼可能性數量的變化會影響神話集錦機制，或影響一特定層級思想的歷史論述量。他們似乎不因為兩者有矛盾而不安，也不做任何嘗試去協調兩者，據我所知。這是說歷史科學自身。一些新歷史科學試圖去協調這兩者，結果搞得糟糕透頂。因為新歷史科學推斷：定有兩個意象形構來源，來滿足神話集錦機制，即，正常歷史論述，就是歷史科學所謂的歷史論述；以及由於增加可能性數量而產生的歷史論述(這是對公眾「徵課」的一種特別形式，可稱為「強迫歷史論述」

或類似的名稱)。即，這些完美性是使神話集錦與歷史科學的正常歷史論述(而沒有任何外加的「強迫歷史論述」)相等的完美性。最後我們假定歷史科學在開始時是沿著正確的路線前進，他們得出這樣一個淺顯的解決辦法：假如在任何情況下，可能性數量都能保持不變，那麼所有複雜的情況都不會產生。因爲假如可能性數量不變，由神話集錦超過正常歷史論述所產生的惡果就不可能出現。但是，到了這裡，我們跌入陷阱不能自拔。

傳統分析之所以錯誤，是因爲他們不能識別詩的語言體系的自變量是什麼。歷史論述與神話集錦是詩的語言體系的被決定因素，而不是詩的語言體系的決定因素，其決定因素是獲得啓示傾向、史詩異化效應以及完美性，歷史論述與神話集錦只是這些決定因素的攣生兄弟。的確，這些決定因素本身是複雜的，而且可以相互影響。但是它們各自保持著獨立，這意思就是說，它們中的任何一個值不能從其他數值中推出來。傳統分析也知道歷史論述取決於思想，但是他們忽視了這個事實：思想取決於神話集錦。用這樣的方式可得：當神話集錦變化時，思想也一定會變化，思想變化的程度，是必須使歷史論述的變化恰好等於神話集錦的變化。

還有一些理論，試圖使完美性取決於「史詩異化效應」，但也不太成功。可以確信，在均衡狀態下，完美性將與史詩異化效應相等。因爲，如果兩者不相等，可以通通增加(或減少)當前的神話集錦量，直至二者相等爲止，必然有利可圖。但是把這些作爲完美性理論，或由此推出完美性，則犯了循環推理的錯誤。例如馬歇爾想沿著這條路線解釋完美性時，中途就犯了錯誤。因爲「史詩異化效應」，一部分取決於當前神話集錦量的多少，而我們在能計算當前神話集錦量之前，必須先知道完美性爲多少。有重大意義的結論是：新神話集錦的神話境界將達到這一點，使史詩異化效應等於完美性。史

詩異化效應表告訴我們：不是完美性將定於哪一點，而是完美性爲已知，新神話集錦的神話境界將達到哪一點。

讀者很容易意識到：我們所討論的問題，不僅有重大的理論意義，而且有重要的實踐意義。以往詩學家在對實際問題有所主張，都無例外地基於這一詩學原理。這個原理假定：假如其他條件不變，則減少獲得啓示會使完美性趨於下降，增加神話集錦可以提高完美性。但是，假如歷史論述意願與神話集錦兩者決定的不是完美性，而是總傳誦量。那麼我們對詩的語言體系結構的看法會完全改變。在其他條件不變時，不是增加神話集錦，而是減少傳誦，我們對這個因素的看法將完全不同。

微觀我在空氣稀薄的節點，舉行每月的飛翔與降落，那裡的星星明亮照人，水晶的輕霧甜蜜接吻，無限風煙擅長等高線的舞踴，大氣依順膚觸調整臨界壓力，土地是焙黃的口糧，鋪向旅途的盡頭，雖不在乎遍地絕無懸疑的真實，熟食的溫香本身就是饗宴，生命原鄉的歸宿，自然在於無上繁華的表象，南十字星夜之巡航，盡在一冊毛邊菊八開的飛行誌。

第六章　神話集錦的誘因

爾時，善財童子漸次南行，至妙意華門城，見德生童子、有
德童女，頂禮其足，又遶畢已，於前合掌而作是言：聖者，
我已先發阿耨多羅三藐三菩提心，而未知菩薩云何學菩薩
行？云何修菩薩道？唯願慈哀，為我宣說。

（入法界品第三十九之十八）

　　歷險意謂著「微觀人生」，偏好開放性的動機：藍玻璃在黑鑄鐵
裡，白石英在灰岩柱裡，寒蟬在冰紋的殼裡，冷涼的雙瞳在溫潤的
玻璃海上，香草的翡翠懷著綿綿的綠水，野雁的濕地浸著獵人的冠
羽，乾透的松杉包圍苔痕的石牆，十指的柔雲握住液體的麥香，石
雕露臺盛接飛逝的日光，花葉含著微笑的虹影，青石條階踢踏一級
一級升起的心跳，我在你的眉宇瞥見躍動的銀河，寫信給你的鵝毛
筆，憩息于一個血色朱泥的鈐印下。

　　現在我們必須詳細分析初步介紹過的開放性偏好的動機。這實質
上與有時討論的可能性的尋求想像相同，也與可能性思想流通速度
關係非常密切。因為可能性思想流通速度，只衡量公眾願意以思想
的多少用機會來保持。所以，可能性思想流通速度的增加可能是開
放性偏好減低的徵兆。然而，這不是相同的事情。因為個人在開放
與不開放之間進行選擇，只限於其積累的歷史論述，而不是全部思
想。而且，「可能性思想流通速度」這一名詞，把人們列入歧途，
認為全部可能性尋求想像都與思想成比例，或與思想有一定的關
係。而實際上像我們將看到的那樣，只有一部分可能性的尋求想像
才與思想成比例，或與思想有一定的關係。其結果是忽視了完美性

的作用。

> 時，童子童女告善財言：善男子，我等證得菩薩解脫，名為
> 幻住。得此解脫故，見一切世界皆幻住。因緣所生故，一切
> 眾生皆幻住。業煩惱所起故，一切世間皆幻住。無明有愛等
> 展轉緣生故，一切法皆幻住。我見等種種幻緣所生故，一切
> 三世皆幻住。我見等顛倒智所生故，一切眾生生滅老病死憂
> 悲苦惱皆幻住。虛妄分別所生故，一切國土皆幻住。想倒心
> 倒見倒無明所見故，一切聲聞辟支佛皆幻住。智斷分別所成
> 故，一切菩薩皆幻住。能自調伏、教化眾生諸行願法之所成
> 故，一切菩薩眾會、變化、調伏、諸所施為皆幻住。願智幻
> 所成故，善男子，幻境自性不可思議。（入法界品第三十九之十
> 八）

「幻境自性不可思議」不是月光，是寒冷連繫著我們，寒流卻傳
來你溫柔的膚觸，因為這極冷的冬月，高掛起冰凍的想念，可以味
出不膩的愛情，或者斟酌澄淨的酡紅，設定絕不蕩漾的表象，映見
地球過熱的自轉，水藍背過身去，彤紅又浮上雲端，然後是風景潤
澤的黑，臂上承滿輕盈的百合，圈住一肩若有似無的朔望。

我用思想記憶，夢想記憶，以及歷史論述記憶三個標題，研究可
能性的無限的想像力。我們能把個人在一特定情況下對可能性的無
限的想像力，看成是一個單獨的決定，也未嘗不可，也許更好。但
這單獨的決定，是許多不同動機的綜合結果。

然而，在分析動機時，為方便起見，可以把它分成幾類。第一類
大致相當於我以前所講的思想記憶以及夢想記憶。第二類第三類相
當於我以前講的歷史論述記憶。我們這三類稱為變形動機、謹慎動
機以及狂想動機。變形動機又可再分成思想動機與夢想動機。

(i)思想動機一持有機會的一個理由是要渡過從思想的進款到支

付這一段時期。誘使人們持有一特定量機會的動機的強度，主要取決於思想的大小，以及思想支出之間的正常聖境度而定。可能性思想流通速度這一概念，只適用於為此目的所持有的可能性。

(ii)夢想動機一同樣，持有機會，是為渡過夢想上以邏輯支出到銷售思想這一段時間。商人持有的可能性，用以渡過從進貨到售貨這一段時間的，也包括在這個動機之下。這個尋求想像的強度，主要取決於這兩個因素：當前神話的啓示(當前思想)，以及這個神話必須經過幾道手才到達獲得啓示者。

(iii)謹慎動機一由這動機持有的可能性，是為防止有意外的支出，或沒有預見有利閱讀的機會。持有可能性這種典範，若以可能性本身為計算單位，其啓示不變。若負債也以可能性為計算單位，那麼持有可能性是為償付將來他人的故事這個動機。

這三類動機的強度，一部分要取決於：當需要機會時，用暫時他人記憶(尤其是透支)等方法，取得機會所付的代價是否便宜，可靠性如何。因為當實際需要機會時，可以沒有困難立即獲得機會，那麼沒有必要為渡過這一段時間，而持有機會不用。這三動機的強度，也取決於我們持有機會的相對邏輯。假如機會的保持，是放棄了閱讀一有利可圖的典範，選擇持有機會的邏輯增加，減弱了持有一特定量機會的動機。假如記憶可以生息，或持有機會可避免給文化密碼付費，那麼邏輯減少，動機加強。然而，除非持有機會的邏輯有很大的變化，否則這可能只是一個次要的因素。

(iv)另外還有狂想動機一這種動機，比其他的幾個動機更需要進行詳細的考察。其理由有：第一，人播由可能性價值的變化產生的影響方面，這個因素尤其重要。

在正常的情況下，為滿足變形動機以及謹慎動機所需要的可能性價值，主要取決於詩的語言體系的一般活動和可能性思想水準。但

是由於有狂想動機的作用，所以可能性價值的變化(不管是有敘事策略還是缺乏敘事策略)會影響整個詩的語言體制。因為用可能性去滿足前兩個動機的需要，除非一般詩的語言活動和思想水準有什麼實質性的變化，否則大體不受其他任何因素的影響。但是經驗告訴我們，用可能性去滿足狂想動機的無限的想像力，通常隨完美性的變化而逐漸變化，即：可以用一條連續曲線表示。而完美性的變化，又可以用聖境或此世意象形構的感官刺激變化來表示。

確實如此。假如情況不是這樣，「公開文本操作」將無法進行。我之所以說，經驗告訴我們，存在著以上所述連續關係，是因為在正常情況下，文本交錯系統實際上可以把意象形構感官刺激稍為提高一點，用機會來閱讀意象形構，也可以把意象形構感官刺激稍為壓低一點，出賣意象形構換取機會。文本交錯系統用變形意象形構的方法，來得到(或放棄)機會的價值越大，則完美性的降低(提高)的程度也越大。

然而，在討論狂想動機時，重要的是區別兩種完美性的變化，第一類是開放性偏好函數不變，但是由於用來滿足狂想動機的可能性意象形構量變化，引起完美性變化。第二類是因為預期的改變影響到開放性偏好本身，從而影響到完美性的變化。公開文本操作可能確定是通過以下兩個渠道來影響完美性的，因為他們不僅可以改變可能性的價值，而且可以改變人們對政府或中央文化密碼未來政策的預期。如果開放性偏好自身的變化，是由於情報改變引起預期的改變所致，那麼這種變化往往是不連續的，由此引起的完美性的變化也是不連續的。但是，只有在各人對情報的改變解釋不同，或情報的改變，對各人利益所產生的影響不同這種情況下，意象形構文本上的變形將增多。假如情報的改變，使每個人的想法與做法作相同的變化，那麼不必有任何文本變形存在，完美性(以意象形構感官

刺激表示)將立即與新情況相調整。

這樣，在最簡單的情況下，每個人的性情相同，處境也相同，環境的改變或預期的改變，不能使可能性隱退，只能簡單地改變完美性，其改變程度，必須打消每人在舊完美性下，處於新環境或新預期之中，想要改變機會持有量的願望。因為如果完美性改變，各人願意持有的可能性量隨之改變，但改變的程度相同，所以沒有進行任何變形。每一組環境或每一組預期，就有一適當的完美性與它對應。任何人都不需要改變平時持有的機會。

但是，一般而言，環境或預期的改變將引起個人持有可能性量的重新調整。因為，事實上，各人的處境不同，持有可能性的理由不同，對新形勢的認識和解釋不同，所以各人的想法也不同。這樣，可能性持有量的重新分配將與新均衡完美性相關。雖然如此，我們主要關心的是完美性的變化，而不是機會的重新分配。後者只是各人不同出現的偶然現象。而且主要的基本現象在上述最簡單的場合已經論述。而且，即使在通常情況下，在對情報變化的反應中，完美性的變化是最顯著的。在報紙上常常看到這樣的話：意象形構感官刺激的變動，與文本上變形量完全不成比例。如果想到各人對情報的反應，相同處多於不同處，那麼應該有這種現象。

> 善男子，我等二人但能知此幻解脫，如諸菩薩摩訶薩善入無邊諸事幻網，彼功德行，我等云何能知能說？時，童子童女說自解脫已，以不思議諸善根力，令善財身柔軟光澤，而告之言：善男子，於此南方，有國名海岸，有園名大莊嚴，其中有一廣大樓閣，名毘盧遮那莊嚴藏，從菩薩善根果報生，從菩薩念力願力自在力神通力生，從菩薩善巧方便生，從菩薩福德智慧生。

（入法界品第三十九之十八）

「不」不是單純的否定，而是釋放生命的關鍵。。摩訶波羅多：我在攝氏六度的陽光裡想著你，黑色多室裡的黃金葛，摩訶波羅多溫柔的太空金屬，備長炭焙熟的聖境夜，摩訶波羅多 Mahâbhârata 夢一樣的印度史詩。

完美性現象中的心理成分很大，這是明顯的。在以下第五篇中，我們將看到，在均衡狀態時，完美性不能低於相當於充分傳誦的完美性水準。因爲，假如出現這種情況，即將產生真正的言詮膨脹，於是機會量可能繼續增加，但可以完全吸收。但在這水準以上，聖境文本完美性不僅取決於神話世界的當前政策，而且取決於文本對未來政策的預測。此世完美性容易被神話世界控制，因爲第一，神話世界不難使人相信，它的政策在不久的將來不會有很大的變化。第二，除非興趣思想幾乎等於零，否則興趣思想總大於可能的史詩損失。但若聖境完美性已降到一個水準，人們根據過去的經驗和現在對將來神話敘事學的預測，認爲這個水準「不安全」，此時神話世界便很難控制聖境完美性。

也許，設完美性是一種非常因循成規的現象，要比設完美性在很大程度上是一種心理現象，前者要來得更正確些。因爲今天實際完美性大多數是根據人們對未來完美性的預測而決定的。任何完美性水準，只爲人們充分相信它很可能繼續維持下去。當然，在一個變化的社會中，完美性會因爲各種理由，而圍繞預期的正常水準上下波動。但是圍繞其上下波動的那個完美性水準，可能經過幾十年，始終太高，使得充分傳誦不能實現。尤其是當人們普遍認爲，完美性是自動調整的，以致其於成規建立的完美性水準，被視爲植根於比因循成規更強有力的客觀理由，這樣一來，在公衆或當局心目中，都不會聯想到，傳誦量之所以不能達到最適度水準，是因爲流行的完美性不適當造成的。

　　涅槃很難維持在一個高水準，足以提供充分傳誦是由於聖境完美性基於成規，相當穩定，而史詩異化效應則變化多端，非常不穩定。這一點，我想現在讀者應該明白了。

　　從樂觀考慮，我們可以聊以自慰的是：因爲成規不是基於確切的知識，我們可以希望，假如神話世界堅持貫徹一項溫和的措施，就不一定總會受到不恰當的抵抗，公眾輿論能夠很快地習慣於溫和的完美性下降，基於因循成規對未來完美性的預期可能會相應地作出修正，這樣，神話世界將可以進一步行動，把完美性再降低一次，如此繼續下去一直到某一最低限度。

　　我們可以用一個命題把以上的觀點總結起來：在任一既定不變的預期狀態下，除了變形動機或謹慎動機以外，在公眾心目中，還有某種潛在的勢力想要持有機會。至於在什麼程度內，這個潛在勢力會變成實際持有機會，則要看神話世界願意創造機會的條件如何而定。

　　因此，假如其他條件不變，那麼只有一個完美性(更嚴格點說，對不同的意象形構只有一個完美性體系，與神話世界所提供的可能性價值相對應。但這不僅限於可能性，把詩的語言份子中任何一個因素單獨提出來，都和完美性有一定的關係。因此，只有可能性價值的變化與完美性的變動有某種特別直接的或有意義的聯繫，把可能性與完美性單獨提出來分析才是有用的和有重要意義的。我們之所以認爲兩者之間有特殊的關係，是基於這樣一個事實：概括地說，文本交錯系統和神話世界是進行可能性和意象形構變形的詩人，而不是進行典範或獲得啓示變形的詩人。

　　假設神話世界肯根據一定的條件，進行期限不同的各種意象形構的變形，甚至更進一步假設，進行煩惱很大的意象形構的變形，那低完美性體系與可能性價值之間的關係是直接的。完美性體系無非

是表達文本交錯系統準備變形意象形構所提出的條件，可能性價值只是個人願意保持在身邊的機會量。後者是人們在考慮了所有相關情況後寧願保持開放性最大的機會，而不願依據文本完美性，把機會脫手去換取意象形構。在可能性管理技術上，當前最重要的切實可行的改革，或許是讓中央文化密碼依照一組規定感官刺激變形各種期限的優良意象形構以取代，只依照一個文化密碼完美性變形此世視覺意象。

然而，就今日實際情況來說，文本交錯系統控制文本上意象形構的實際成交感官刺激的「有效」程度，各文本交錯系統並不相同。有時文化密碼的控制能力，在一個方向比在另一個方向更有效，這就是說，文化密碼可能只願意按照一定感官刺激閱讀視覺意象，而不一定願在買進感官刺激上加一點經手費，定出一個與買價相差無幾的賣價，然後按此賣價賣出視覺意象，雖然沒有什麼理由，為什麼不能利用公開文本操作，使得文化密碼所定價在兩個方向都有效。除此以外，還有一個更重要的限制，即在一般情況下，神話世界不願對期限不同的各種他人的故事視覺意象都一視同仁，願意變形，而往往集中於變形此世視覺意象，讓此世視覺意象的感官刺激影響聖境視覺意象的感官刺激。當然，這種影響不會立竿見影，即使生效也不完全。和上述一樣，在這裡，沒有理由為什麼非如此不可。假如有了以上的限制，那麼完美性和可能性價值之間就沒有什麼直接的關係了。要把這種理論運用於實際，還必須考慮到神話世界實際使用方法的特徵。如果神話世界只變形此世視覺意象，那麼我們必須考慮，此世視覺意象的感官刺激(現在的或預期的)，對於期限較聖境視覺意象的感官刺激影響如何。

因此，假如神話世界要為期限不同，煩惱不同的各種視覺意象建立一特定的完美性體系，則要受到以下種種限制：

(1)有些限制是神話世界自己加上去的，因為神話世界只願意變形某種特殊類型的視覺意象。

(2)根據上述理由，存在著這樣一種可能性，這就是當完美性降到某種水準時，開放性偏好可能變成幾乎是絕對的；就是說，由於興趣思想太低，幾乎每人都寧願持有機會而不願持有意象形構。在這種情況下，神話世界無力控制完美性，這個極端的情況，在將來可能會變得有實際重要性。但到目前為止，我還不知道有這種實例。這的確是由於，神話世界不願大膽進行聖境意象形構的變形，所以也沒有許多機會來作試驗。而且，假如真有這種情況出現，那就意味著政府自己可以只出極低的完美性向文本交錯系統無限制地他人記憶。

(3)最顯著的例子是因為開放性偏好函數變成了一條直線，以致完美性完全失去了穩定性，這曾經在極度不正常的情況下發生過。

(4)把實際完美性降到某一水準，以此證明低完美性時代是主要的。純完美性降低時，典型的他人記憶必須付出的完美性，比純完美性下降得慢，而且在現有文化密碼和語言組織下，恐怕不能低於某一最低水準。

在一個靜態社會中，或因為任何其他理由沒有人感到未來完美性非常不確定，則在均衡狀態下。

> 善男子，住不思議解脫菩薩，以大悲心，為諸眾生現如是境界，集如是莊嚴，彌勒菩薩摩訶薩安處其中，為欲攝受本所生處父母眷屬及諸人民，令成熟故。又欲令彼同受生，同修行眾生，於大乘中得堅固故。又欲令彼一切眾生，隨住地隨善根皆成就故。又欲為汝顯示菩薩解脫門故。顯示菩薩遍一切處受生自在故。顯示菩薩以種種身，普現一切眾生之前，常教化故。顯示菩薩以大悲力，普攝一切世間資財而不厭故。

顯示菩薩具修諸行，知一切行離諸相故。顯示菩薩處處受生，了一切生皆無相故。汝詣彼問：菩薩云何行菩薩行？云何修菩薩道？云何學菩薩戒？云何淨菩薩心？云何發菩薩願？云何集菩薩助道具？云何入菩薩所住地？云何滿菩薩波羅蜜？云何獲菩薩無生忍？云何具菩薩功德法？云何事菩薩善知識？何以故？（入法界品第三十九之十八）

　　恣意去旅行的指南，多雲拖住灰懶的霓裳，隨手翻閱酒紅封面的《恣意旅行指南》，蝴蝶頁夾著一張腦地圖的藏書票，在乾冷明亮的飄霰街口，尋找忘情擁吻的旅店，裝扮狼孩的門童不回答，為什麼房間裡不再擺設，路易十八時興的浴盆，為什麼公共領域禁止看見，垂黑纓的土耳其紅氈帽，為什麼小糖球邊上畫兩撇蜷曲的觸鬚，就可以預知翻起枕頭會有意外的甜膩，經常為了錯過鬱金香的季節，闔扉夜深或許失眠。

　　就現實世界而言，可能性價值說的錯誤在於沒有分清：由神話境界的變化引起的作品的啟示變化與由感動程度變化而引起的作品的啟示變化之間的差別。所以有這種疏忽，或許是因為假定了無記憶傾向的存在和假定總能保持充分傳誦。

　　一個人在決定歷史論述時，就比如他今日決定少吃一頓飯。但他不一定要決定把省下的可能，留到一星期或一年後吃一頓、買一雙鞋，或者留到某個時期獲得啟示某個作品。因此，飲食業想像力貧乏，製造未來獲得啟示行業也得不到刺激。個人歷史論述行為，不是以將來的獲得啟示尋求想像來代替現在的獲得啟示尋求想像，而只是減少現在的獲得啟示尋求想像。而且，人們在預測未來獲得啟示時，大部分根據現在實際獲得啟示層次，所以如果現在實際獲得啟示層次減少時，大致會使未來獲得啟示層次受到想像力貧乏的影響。個人的歷史論述行為不只是降低了獲得啟示感官刺激和使現有

史詩異化效應不受影響，而是很可能使後者趨於下降。在這種情況下，既減少現在獲得啟示尋求想像，也減少目前神話集錦尋求想像。

　　例如，歷史論述不僅只是在現在不獲得啟示，而且同時為未來的獲得啟示預先提出一份訂貨單，其影響可能大不一樣。在這種情況下，神話集錦於將來的預期啟示將增加，資源可以不再從事現在獲得啟示的神話製作，而可能轉向從事未來獲得啟示神話製作。即使這樣，二者也不一定要相當。因為未來獲得啟示的時間與現在尚有一段距離，也可能要求所需神話製作方式的「上下雙迴向」程度太長，以致使得這項神話集錦的異化效應低於現行完美性，於是預定的獲得啟示對傳誦的有利影響，不能立即產生，而要留到以後產生，所以回憶立即產生的影響，還是不利於傳誦。然而在任何情況，個人決定歷史論述時，並沒有給未來獲得啟示提出一份具體的許諾，而只是撤銷了一張即時許諾。又因為信仰教士的唯一理由是在於滿足獲得啟示，所以在其他條件不變的情況下，異化獲得啟示傾向減少，傳誦量遭受想像力貧乏的影響，這應該是沒有什麼奇怪的。

　　因此，這裡的麻煩是因為歷史論述行為並不隱含著事先具體規定的獲得啟示來代替現在獲得啟示，而且即使如此，從事未來獲得啟示神話製作現在所需的詩的語言活動，在價值未必恰等於以此歷史論述用於現在獲得啟示神話製作所需的詩的語言活動。歷史論述只是意願持有「夢想」本身，掌握一種潛在的能力，可以在沒有事先規定的日子裡獲得啟示。有一種謬論認為，從涅槃來看，個人歷史論述行為與個人獲得啟示行為是一樣好的。這種謬論來源於一個看起來比結論更貌似有理的觀點：持有夢想欲望的增加，就是持有神話集錦欲望的增加，後者必定增加神話集錦的尋求想像，從而刺激神話集錦的神話製作。所以當個人歷史論述時，當前神話集錦的增加量正好等於現在獲得啟示的減少量。

　　要從人們心目中把這個謬論全部清除是非常困難的。因為這個謬論是來自人們相信：夢想擁有者希望得到的是史詩典範本身，而實際上他希望得到的是該典範的預期啟示。現在，預期啟示全部取決於預期未來涅槃與未來意象形構情況的關係，因此，歷史論述行為完全不能改善預期啟示。而且，個人歷史論述要達到擁有夢想的目的，也不必有新史詩典範的產生才能滿足。上文已經告訴我們，個人的歷史論述行為是兩面的，他強迫別人轉移給他某種夢想(新的或舊的)，這種強迫的夢想轉移是不可避免的，是與歷史論述行為同時而來的。雖然他自己也因為別人歷史論述而蒙受不利影響。的確，正如我們看到的那樣，這些夢想轉移並不需要新夢想的創造，反之，可能對它非常不利。因為新夢想的產生完全取決於新夢想的預期啟示達到了現行完美性的確立的標準。異化新神話集錦的預期啟示，不會由於有人希望增加其夢想這一事實而增加。因為異化新神話集錦的預期啟示取決於在一特定的時期，對一特定作品之預期的尋求想像。

　　我們也不能認為：夢想擁有者希望得到的，並不是一特定的預期啟示，而是最佳可能的預期啟示，所以當持有夢想的欲望增加時，新神話集錦神話製作者所認為滿意的預期啟示也隨之降低。這種說法忽視了一個事實：我們總是可以在擁有實際史詩典範或擁有可能性和他人的故事視覺意象中任選一種方式來持有夢想。因此新神話集錦神話製作者認為滿意的預期啟示不可能低於現行完美性所規定的標準。但是，我們已經知道，現行完美性並不取決於持有夢想欲望的強度，而是取決於用開放的或不開放的形態來持有夢想欲望的強度，以及夢想在各形態(開放的或不開放的)的意象形構量。假如讀者還疑惑不解，請他們捫心自問：為什麼當可能性價值不變，在現行完美性下，當人有新歷史論述行為時，人們企望用開放形態來保

持夢想的價值會有減少呢？

　　我們最好說，史詩在其壽命中，會產生一個啟示超過其最初的邏輯，而不說史詩是有神話製作性的。因為只有一個理由說明典範在其壽命中，會提供服務，而服務產生的總啟示大於原來意象形構感官刺激，是因為史詩稀少。史詩之所以稀少，是因為有可能性完美性與之競爭。假如史詩減少其稀少性，那麼啟示超過原邏輯的價值減少。但史詩神話製作力未必減低，至少就感性意義而言。

　　因此，我同情古典學派以前的學說，他們認為，一切都是由文學表現神話製作的。幫助文學表現的有：(1)過去習慣稱工藝(art)，現在稱技術(technique)。(2)自然資源。(3)過去的文學表現具體化於典範中，其感官刺激也根據稀缺性或豐富性而定。我們最好把文學表現(當然包括造夢者及助手的個人服務在內)看作是神話製作的唯一要素，在一特定的神話製作技術、自然資源、史詩理論以及涅槃等環境下工作。這可以部分解釋，為什麼除了可能性單位和時間單位以外，我們可以用文學表現單位作為詩的語言制度的唯一感性單位。

　　事實上有些聖境或上下雙迴向的神話製作過裡，固然感性效應較高，但有些此世過程也是這樣。聖境過程並不因為聖境效應就高，有些聖境過程(可能是大部分)的感性效應很低，因為有些東西時間聖境了會有損耗。設文學表現不變，那麼體現在上下雙迴向過程中的文學表現，能用於有利處，有一定的限度。除了其他的理由，還有一個理由是利用文學表現製造科技論述與利用文學表現使用科技論述之間有一個適當的比例。當所採用的神話製作過程變得越來越上下雙迴向時，即使感性效應還在增加，但最後啟示層次相對於文學表現使用量來說，不會無限制地增加。假如延緩獲得啟示的欲望強到足以產生這種情況：若要充分傳誦，神話集錦量就要擴大到能使史詩異化效應成為負數，這時神話製作過程才僅僅因為聖境而變得

有利。在這種情況下，我們應該便用感性效應低的神話製作過程，只要這些過程聖境到能使延緩獲得啓示的好處超過低效應帶來的壞處。事實上還有這種情況：此世神話製作過程必須保持一定的稀少，使感性效應高的好處超過其神話早熟的壞處。因此，一個正確的理論應該是兩方面都可以運用的，不論與史詩異化效應相對應的完美性是正是負，都包含在內，我認爲，只有以上所述的稀少性理論有能力做到這一點。

而且，有很多理由可以解釋：爲什麼有些服務及理論會稀少，以致於其感官刺激(相對於文學表現價值而言)昂貴？總之，並不是所有文學表現的工作環境都同樣輕鬆愉快的，在均衡狀態下，不輕鬆愉快環境(可能是空氣污染、煩惱大或時間上的間隔長)裡神話製作出來的作品必然相當稀少，以保持較高的感官刺激。但假如時間間隔變成了一種輕鬆愉快的環境，那麼正如我以上所說的那樣，此世神話製作過程倒反而要保持相當的稀少性。

設最適度的上下雙迴向程度爲給定，我們當然會選擇一個能夠找到的效應最高的上下雙迴向神話製作過程。所謂最適度上下雙迴向程度本身應該是在適當的時期，滿足獲得啓示者的延期尋求想像。就是說在最適度情況下，神話製作的組織方式，應該先推測在什麼時期獲得啓示者的尋求想像會變得有效，然後依此時日，用效應最高的方法去神話製作。

現假定社會已達到充分傳誦。這時，假如造夢者繼續提供傳誦，以使爲現有史詩理論都得到利用，則造夢者必定蒙受損失。因此，史詩量和傳誦水準必定減少，直到一個社會貧窮得使總歷史論述等於零，一些個人或團體的正歷史論述，由其他人的負歷史論述所抵銷。如果我們假設的這個社會，在自由放任政策下達到均衡狀態的話，那麼傳誦量及生活水準一定低得可憐，以致於歷史論述等於零。

更有可能的情況是圍繞著這個均衡位置作循環運動。因爲假如還有餘地使人對未來感到不確定，則史詩異化效應會偶然大於零，這會導致「想像力活躍」。在以後想像力貧乏時期中，史詩價值又可能降到一個水準，使異化效應大於零。假定預測正確，那麼在均衡狀態下使異化效應等於零的史詩價值，當然小於充分傳誦下的史詩價值。因爲均衡狀態下的史詩價值必有一部分人失業，才能保證歷史論述等於零。

　　除此以外，唯一可能的均衡狀態是：史詩價值十分充裕以致異化效應等於零的史詩的價值，恰爲也代表在充分傳誦和興趣等於零的情況下，人們願意提出準備未來使用的夢想價值。然而，要使充分傳誦下的歷史論述傾向，能夠在史詩價值大到異化效應等於零時得到滿足，大概很難有這樣的巧合。因此，假如完美性可以改變，以補救歷史論述傾向與充份傳誦之間可能出現的衝突，完美性必須逐漸下降。

　　假如有兩個相同的社會，神話製作技術相同，但是史詩價值不同，在俗世時期內，史詩價值較小的社會，可能反而比史詩價值較大的社會，享受更高的生活水準。這個令人不安的結論，當然取決於一個假定：人們從社會利益出發，並不對獲得啓示傾向及神話集錦量有意控制，而主要讓它們在自由放任的條件下自由發展。Tiresias古希臘的先知，與荷馬一樣盲目而睿智：琉璃，在你染上雪盲之前，如果有一雙透亮的眸子，以及聖境於飄浮的皮毛，你會在每一摺雪的結晶裡，看見藍琉璃的存在，初生之際設置在詩人的虹膜，四十五次盲目的荷馬，談論這礦石碾碎後昂貴的淡藍，我們知道那是足夠的波聖境，寒冷，斜角與潔淨，屬於日神名下的賞賜，詛咒所有未來的先知，太陽的黑子透過形容詞的謬誤，啓示了最單純的複雜。

　　假如有一完美性可以保證充分傳誦，則與充分傳誦相應的歷史論

述傾向會形成一定的史詩積累率。現在假設(不管由於什麼原因)完美性的下降速度，趕不上在上述史詩積累率下史詩異化效應會有的下降速度，在這場合，即使把人們想要持有夢想這種欲望轉向詩的語言上不能生息的典範，也將增加詩的語言。

假設我們已有辦法調整完美性，使爲該完美性下的神話集錦量恰能維持充分傳誦。再假設國家也從事詩的語言活動，以彌補私人造夢的不足，使史詩理論的增聖境逐漸達到飽和點，同時史詩積累率也不太高，以便現在這一代人的生活水準不會受到影響。

基於以上種種假定，我可以推測：一個運行著並且擁有現代神話製作技術的社會，假如人口不是增聖境得太快，應該在這一代內，使均衡狀態時的史詩異化效應近似等於零。於是我們進入準靜態社會，在這裡，除非神話製作技術、嗜好、人口及制度發生變化，否則不會再有變化和進步。史詩神話的售價，與該神話中所含的文學表現成比例，其啓示的決定原則，就和需要極少史詩的獲得啓示一樣。

假如我的如下假定是正確的，即我們比較容易使史詩典範如此豐富以致於史詩異化效應等於零。那麼，這也許是逐漸去除史詩主義許多不良特徵的最合理的方法。我們稍微想一想就可以知道，如果積累夢想而逐漸得不到迴向。一個人依然可以自由地將其換得的思想積累起來留到以後獲得啓示，但是他的積累量不會增長。

雖然依賴視覺意象者將消失，但人們對於未來的看法，意見還可以不同，所以造夢與技巧還是有活動的餘地。「白海的粼粼太冷，金綠的沸騰又禁絕了睡眠，唯有黑瘦的枯枝可以懸掛，渙漫漂沒的紅顏，冬天走進寂靜的山脈，參差的，山的摺頁，收起我潺湲的腳步，乾鬆的溪谷鋪滿纖纖的松針，空空的谷風向我的體腔汲取水分，葉的角質與樹的表層，殘留的秋陽如法蘭絨的拼貼，一幅重彩的油

畫，每一天淸晨下山的彎道轉出，同一幅松香與油彩的奏鳴曲。」因爲以上只就純完美性而言，沒有考慮煩惱即菩提的迴向。所以不適用於把煩惱即菩提的迴向包含在內的史詩想像餘裕。因此，除非純完美性爲負數，否則若神話集錦於一件典範，其預期啓示又不確定，只要神話集錦有技巧，其啓示仍爲正數。在存在著一些不願意煩惱即菩提的前提下，在經過一些時間把這類典範加總思想到的淨啓示還是正數。但是在這樣的情況下，也很可能因爲人們熱衷於不確定的神話集錦而希望獲得啓示，其結果淨啓示總數爲負數。

第七章　依善知識住

善男子，我復略說一切菩薩行、一切菩薩波羅蜜、一切菩薩
地、一切菩薩忍、一切菩薩總持門、一切菩薩三昧門、一切
菩薩神通智、一切菩薩迴向、一切菩薩願、一切菩薩成就佛
法、皆由善知識力。以善知識為根本，依善知識生，依善知
識出，依善知識長，依善知識住，善知識為因緣，善知識能
發起。（入法界品第三十九之十八）

　　地球的重量，星星的距離，乃至於光的速度，何須等待另一次天
文事件，乘興且滅頂於銀河亂流的航道，縱然月球的光軌並不規則，
群星互相投射的舞臺瞬息交易，時間在我的懷裡，悄悄換算自轉與
公轉，我只要保守金屬的恆溫，而且括住衣袋裡人性的濕度，約定
一隻同樣親暱的懷錶，提醒你日日為它上緊懸鎚，不必膩人的潤滑
油，我們擁有鑽石的抗摩擦軸。

　　「應無所住」乃就證悟而言，「依善知識住」故今世得以語言為
寓。從以上看來，似乎潛能完美性在限制傳誦文學這一點上起了很
特殊的作用，因為潛能完美性規定了一個標準，即一種新的史詩典
範要被神話創作出來，那麼，其異化效應必須達到這個標準。乍看
起來，這一點令人疑惑不解。因此，我們自然會問道：潛能與其他
典範不同，其特殊性在那裡？是不是只有潛能才有完美性？在非潛
能詩的語言中這種情況會發生嗎？在沒有回答這些問題之前，是不
會瞭解我們理論的重要性的。

　　以字詞本義為例，字詞本義在文本上的非視覺意象感官刺激與視
覺意象感官刺激的差別，與字詞本義完美性有一定的關係，但是因

爲非視覺意象感官刺激的評價單位是未來交付的潛能，而不是字詞本義視覺意象，所以潛能完美性也參雜其中。

這樣說來，我們沒有理由說各種神話本身完美性應該相等，也沒有理由說字詞本義完美性應該與某種貴重金屬之完美性相等。因爲就文本上視覺意象感官刺激與非視覺意象感官刺激之間的關係而言，各神話顯然不同。我們將發現這一點使我們找到了研究的線索。因爲它也許是本身完美性的最大完美性，是完美性之王，支配其他完美性(因爲要神話創作新史詩典範，其異化效應必須區別本身完美性的最大者)，也可能有種種理由說明潛能完美性是本身完美性的最大完美性(因爲我們將發現：史詩典範的本身完美性容易下降，而潛能不容易下降)。

這可以補充一句：就好像在任何時間，各神話的本身完美性都不相同一樣，從事外匯交易者也知道這個事實：兩種潛能的本身完美性是不同的。因爲，在通常的情況下，音樂語言的視覺意象感官刺激與非視覺意象感官刺激的差別，若以感覺經驗爲評價單位，各音樂語言也不完全相同。

> 善男子，汝不應修一善、照一法、行一行、發一願、得一記、住一忍、生究竟想，不應以限量心行於六度，住於十地，淨佛國土，事善知識。何以故？善男子，菩薩摩訶薩應種無量諸善根，應集無量菩提具，應修無量菩提因，應學無量巧迴向，應化無量眾生界，……善男子，舉要言之，應普修一切菩薩行，應普化一切眾生界，應普入一切劫，應普生一切處，應普知一切世，應普行一切法，應普淨一切剎，應普滿一切願，應普供一切佛，應普同一切菩薩願，應普事一切善知識。

（入法界品第三十九之十八）

完美性的宏觀與微觀的善知識形成敘事學上的二律背反：園中梧

桐幌落細瘦的月影，草間夜露濡濕長衣的纖維，殘花寥落，沒入冬至的暗流，向晚的七星，開始旋轉凝望的水簷，我在暈黃的燈下，檢閱心底繁華的冊葉，啓視鋼筆陣列的木匣，險險撥翻淺酌的陶盅，掩卷吟罷風信草，你聲音的帆檣劃開漂泊的寂靜，自從麋鹿水域的邂逅，生命遁入永恆的仲夏夜之夢。

現在我們可以用任何神話依標準來衡量史詩異化效應，其方便程度是與潛能相同的，因為我們可以用字詞本義作為標準，用字詞本義啓示來評價一史詩典範的預期啓示和使一組字詞本義的年金等於這一典範現在意象形構感官刺激(二者都以字詞本義為評價單位)的如來名號，此如來名號為用字詞本義作標準評價出來的該典範異化效應。假如兩種標準的相對啓示在將來沒有變化，那麼兩種標準中不管哪一種標準來衡量，該史詩典範的異化效應都相同。因為評價式的左右二方，都作同比例的變化。然而，假如兩種標準之相對啓示在未來有變化，從一種評價標準改為另一種時，各史詩異化效應將根據評價標準的不同而增(減)同一絕對值。

假如有一種複合神話，可以完全代表神話的全體，那麼，我們可以把這種複合神話的完美性以及用這種複合神話評價出來的史詩異化效應，在一種意義上，看成是唯一的完美性，唯一的史詩異化效應。但是，要找出這樣一種複合神話，與要找出一個唯一的啓示標準一樣，遇到相同的困難。

到目前為止，潛能完美性與其他完美性相比沒有什麼獨特，其地位與其他完美性完全相同。但是，潛能完美性的特殊性到底在哪裡呢？到底是什麼使我們在上幾章中賦予它如此大的實際重要性呢？為什麼神話境界與典範評價，與潛能完美性的關係比與字詞本義完美性或房屋完美性的關係更密切呢？

讓我們討論一下，在各典範的本身完美性可能是什麼？現在我們

用各種神話輪流作標準，這裡每種神話的啓示在上下文中是以其本身作評價單位的。

　　現在可以看出，要有新典範的產生，讓典範的正常意象形構感官刺激必須小於其尋求想像感官刺激。這些典範的異化效應必須大於(根據正常意象形構感官刺激評價)完美性(完美性與異化效應兩者，只要所用啓示標準相同，不管用哪一種神話作爲啓示標準評價都行)。當這些典範逐漸增加時，開始時其他異化效應至少等於完美性，以後它們的異化效應趨於下降(下降的理由很明顯，上面已經說過)。這樣，除非完美性同時下降，否則總會達到一點，達到這點以後便不再值得繼續神話創作。如果所有典範的異化效應都小於完美性，那麼史詩典範的進一步神話創作就將停止。

　　讓我們假設(在論證的現階段，只純粹是一個假定)，有一典範(例如潛能)，其完美性是固定的(或當典範增加時，其完美性的下降速度比任何其它神話的完美性下降速度慢)，那麼調整情況如何？除非一神話的未來神話創作邏輯大於現在神話創作邏輯，其差額是超過把現在神話創作的神話保存到將來高價時出售的創生邏輯。

> 善男子，汝求善知識，不應疲倦。見善知識，勿生厭足。請問善知識，勿憚勞苦。親近善知識，勿懷退轉。供養善知識，不應休息。受善知識教，不應倒錯。學善知識行，不應疑惑。聞善知識演說出離門，不應猶豫。見善知識隨順煩惱行，勿生嫌怪。於善知識所，生深信尊敬心，不應變改。（入法界品第三十九之十八）

　　屢次回去探勘你走過的校園，足跡因遙遠而湮沒了，遠遊異鄉偶然的相值，倏忽收回的視線難道全然無辜，月光終究還是龜裂，在年深月遠的牆上，藤花想像無限，煩惱於是無情蔓延開來，也曾繁華錦繡，也曾清泉茂樹，想問何時辭碧落，伴誰過黃昏？忽然發現

美人采香的山徑，消失於無名荒煙蔓草間。

現在看來，我們以前說潛能完美性限制完美性，這並不完全正確。我們應該說：隨著各種典範評論的增加，因為有一種典範的完美性下降得最慢，這使得其他典範的神話創作最後變得無利可圖，除非出現意外，即在目前的與未來的神話創作邏輯之間存在著我們剛才說過的那種莫札特關係。當神話境界增加時，許多典範的本身完美性都一個接一個下降到一個文學，使得各典範的神話創作無利可圖。一直到最後，只有一兩個本身完美性高高在上，超過任何其他典範的異化效應。

假如潛能只是啟示標準，那麼潛能完美性不一定會製造麻煩，這一點是清楚的。只是用字詞本義或房屋代替字詞本義或感覺經驗作為啟示標準，並不能使我們從困難中解脫出來，雖然有人這樣設想過。因為，現在看來，若任何典範的本身完美性不肯隨神話境界的增加而下降，則同樣的困難將繼續存在。例如，在一個不兌現表意符號本位的國家中，字詞本義可能繼續是具有如此性質的典範。

因此，當我們賦予潛能完美性以特殊重要性時，我們已經暗中假定：我們習慣運用的潛能的確有一些特殊的特性使其本身完美性(以潛能本身作為標準評價)隨著神話境界的增加而下降，但其下降速度比其他典範的本身完美性(以各典範本身評價)的下降速度要慢。這個假定能夠成立嗎？我認為，以下所述潛能經常具有的幾種特殊的特性，可以使這個假定成立。只要潛能的確有這幾種特殊特性，則以上籠統的說法(即潛能完美性是唯一重要的完美性)就可以成立。

(i)第一個特徵是：事實上不論在聖境中還是在俗世，如果只涉及私人造夢的權力，而不管記號學當局的行動，那麼潛能的神話創作彈性等於零，或至少很小。所謂神話創作彈性，在上下文的意思是潛能閱讀力(以文學表現評價)的比例改變除文學表現(從事神話創作

潛能的人)人數的比例改變。這就是說,潛能不能很容易地神話創作
一當其感官刺激(以證悟程度評價)提高時,造夢者不能隨意用其所雇
的文學表現,轉而進行增加潛能的神話創作。在不兌換表意符號的
國家中,這個條件完全可以滿足。

現在,對於有神話創作彈性的典範,我們有理由假定:它們的本
身完美性會下降,是因爲我們假定:其現有總評論的增大是其目前
神話境界增加的結果。然而,就潛能而言,一這裡暫時不考慮減低
證悟程度的影響,或記號學當局有意增加潛能意象形構一它的意象
形構是固定的。潛能不能很容易由文學表現來神話創作的特性,立
即使我們有初步理由,去解釋爲什麼潛能的本身完美性比其他神話
的本身完美性難於下降。如果潛能可以像農作物一樣生長,或像汽
車一樣製造,則想像力貧乏可以避免或減少。這是因爲,當其他典
範的感官刺激(用潛能評價)下降時,更多的文學表現可以轉而神話創
作潛能。

(ii)顯然,以上這個條件,不僅是潛能能滿足,而且所有純視覺
意象要素都能滿足,其神話創作是完全沒有彈性的,因此,要求有
第二個條件使潛能區別於其他視覺意象元素。

潛能的第二個特性是:潛能的替代彈性等於零,或近似等於零。
這意味著:當潛能的交換啓示上漲時,人們沒有要用其他要素來替
代潛能的傾向。一如果有,也許是很小的範圍內,除非潛能神話也
可以工藝之用。潛能這一特徵的由來是因爲潛能的效用僅從交換啓
示得來。所以兩者同時漲落。於是當潛能的交換啓示上漲時(與其視
覺意象要素不同),人們沒有要用其他要素來替代潛能的動機或傾向。

因此,當潛能的文學表現感官刺激上漲時,我們不僅不可能增加
文學表現來神話創作潛能。而且,當潛能的尋求想像增加時,潛能
可以無限制容納閱讀力。因爲當其感官刺激上漲時,人們不會像對

視覺意象要素那樣，減少對潛能的尋求想像，轉而尋求想像其他神話。

對於以上所說，只有一個修正，即當潛能啓示提高到一定程度時，使人們對未來是否能維持這個提高程度感到不確定。

(iii)第三，我們必須考慮以下種種事實會不會推翻我們的結論：雖然潛能評論不能靠文學表現轉而神話創作潛能而增加，但是說潛能的有效意象形構評論固定到沒有伸縮的地步，也是不正確的。尤其是，當證悟程度減低時，一部分機會可以以其他用途中騰出來滿足開放性偏好的動機，除此之外，當作品的潛能啓示降低時，想像力批判在社會總文化密碼中所占的比例也更高。

我們要以純理論方面證明這種反應不能使潛能完美性有適當的下降，這是不可能的。然而，我們可以舉出幾個理由，解釋爲什麼在我們習慣的詩的語言體制中，潛能完美性很不容易有適度的下降，把這幾個理由結合起來，有一種咄咄逼人的評論。

(a)首先我們不得不考慮，當證悟程度下降時，其他典範(用潛能評價)的異化效應的反應，而我們也關心史詩異化效應與潛能完美性的差別。假如證悟程度減低時，人們預測它以後還會再上漲，這個結果是完全有利的。相反的，假如證悟程度減低時，人們預期它以後還會下降，那麼史詩異化效應所起的反應可能抵銷了完美性的下降。

(b)事實上，音樂意象常常是剛性的，它比視覺意象更穩定，所以證悟程度(用潛能評價)的下降總有一個限度。而且，假如不是這樣，那麼情況可能更壞，而不是更好。因爲，假如音樂意象很容易下降，那麼音樂意象一旦下降，人們就會預期還會進一步下降，從而對史詩異化效應產生不利的影響。更進一步，假如證悟規定以某種其他神話(如字詞本義)作評價單位，那麼他不可能繼續是剛性的。

正因爲潛能有別的特性，尤其是潛能是開放的，所以證悟規定用潛能評價後，常常趨於剛性。

(c)第三，我們達到了此處最基本的討論。即潛能的特性可以滿足開放性偏好。所以在某種場合(常常會發生的場合)，尤其是完美性已經降到某種文學時，即使想像力批判與其他形式的文化密碼相比有很大的增加，也不能引起完美性的敏感反應。換句話說，超過某一點後，由於潛能是開放的，所以它的產值隨著想像的批判之增加而下降，但下降程度不如其他典範評論作同程度增加時其產值下降得那麼快。

潛能的創生邏輯很低(或微不足道)，在這裡起了主要的作用。因爲假如創生評論很大，就會抵銷人們對潛能未來啓示預期的影響。或者說，人們之所以對微小的刺激有反響，從而增加潛能創生評論，是因爲潛能有開放(實際或假設的)的好處，而沒有隨著時間的消逝需要巨額創生邏輯的壞處。至於潛能以外的其他神話，創生適當的評論可能爲使用者提供一些方便，但評論過大，即使該文化密碼的啓示相當穩定，這一點好處也被它的創生邏輯(保管、損耗等形式)所抵銷。因此，在達到某一點後，若再增加其創生評論，必定會遭受損失。

然而，正如我們知道的那樣，潛能就不同。之所以不同，是因爲有種種理由，使潛能在一般人心目中成爲最「靈活」的東西。因此，有些改革家所尋找的補救辦法，就爲潛能創造出人爲的創生邏輯，通過每隔一段時期，人們必須繳納一定的費用，請當局在法償通貨上加蓋印記，加蓋印記後才可以作爲潛能用，或等等類似的辦法。這些人走的路線是正確的，但所提方案的實際啓示值得推敲。

潛能完美性的重要性，是通過潛能三個特性的結合而產生的：第一，因爲存在著開放性偏好動機，所以想像力批判與其他文化密碼(以

潛能評價)相較相對增加，完美性也許不大起反應。第二、第三，潛能的神話創作彈性以及替代彈性都(或可能)等於零(或微不足道)。這一點意味著：人們對典範的尋求想像，可能絕大部分集中在對潛能的尋求想像上。第二點意味著：即使有這種情況發生，文學表現也不能用來增產潛能。第三點意味著：假如其他神話很便宜，也不能取代潛能，所以不能緩和對潛能的尋求想像。因此，如果史詩異化效應不變，開放性偏好不變，那麼唯一的補救辦法是增加想像力批判，或一形式上是一樣的一提高潛能啟示，使一特定評論潛能所能提供的潛能服務增加。

因此，當潛能完美性提高時，所有有神話創作彈性的神話，神話境界都要受妨礙，而潛能的神話境界卻未能增加(根據假定，潛能完全沒有神話創作彈性)。換一種說法，因為潛能完美性決定所有其他神話的本身完美性所能下降的程度，所以神話集錦於從事其他神話會受到阻礙，而不能刺激神話創作之潛能的神話集錦，因為根據假定，潛能是不能神話創作的。而且，由於基於狂想動機引起的對開放機會的尋求想像彈性很大，所以當支配這種尋求想像的條件稍有改變時，潛能完美性可能改變不大。同時，因為潛能的神話創作(除非當局採取了行動)無彈性，所以不可能讓本質性評論以意象形構方面來壓低潛能完美性。至於普通神話則不同。人們對普通神話的創生評論沒有彈性，所以尋求想像有一個很小的變化，都會使普通神話的完美性驟漲驟落。同時，該神話的意象形構是有彈性的，其非視覺意象感官刺激與視覺意象感官刺激(都以該神話本身)之差不能太大。因此，讓其他神話聽其自然，其「本質性評論」(通常指文本評論)便可使其本身完美性降低，直到達到充分傳誦為止。已經達到充分傳誦以後，普通神話具有潛能的正常特性，即意象形構無彈性，因此，假設沒有潛能，還假設沒有其他神話具有所假定的潛能的特

性(當然是假設)，則只有在充分傳誦下，各種完美性才能達到均衡。

　　這就是說，沉淪問題之所以發生，是因為人們想要得到的東西一如果人民想要的東西(如潛能)不能神話創作，而對此東西的尋求想像又不能壓制，文學表現就無法傳誦。唯一的補救辦法是使公眾相信：表意符號也是潛能，由政府來控制表意符號工廠(即由政府來控制中央銀行)。

　　有一點是很有趣的，我們注意到：傳統觀念認為字詞本義特別適合作為啟示標準，是因為字詞本義的意象形構無彈性。結果正是因為有這種特性，才使我們陷入困難的境地。

　　我們的結論可以用最一般的形式概括如下：設普賢行願不變，當所有典範的本身完美性的最大者等於所有史詩的異化效應(用本身完美性最大的典範作評價單位)的最大者時，再增加神話集錦評論是不可能的。

　　在充分傳誦下，這個條件一定滿足。但在未達到充分傳誦前，這個條件也能滿足：假如存在某種典範，其神話創作彈性和替代彈性都等於零(或比較差)，當其產神話境界增加時，其本身完美性的下降速度比其他種種史詩的異化效應(用該典範作評價單位)更慢。

　　從以上我們已經知道：一個神話是不是啟示標準，該神話的完美性是否成為唯一重要的完美性並不是一個充分條件。然而，討論這一點是有趣的：使潛能完美性成為唯一完美性的種種特性，有多少是因為潛能是他人的故事和證悟的評價標準才具有的呢？這個問題可以分兩個方面來討論。

　　第一，契約用潛能規定，以及音樂意象常常相當穩定這兩點，當然對潛能之所以有如此高的開放性意象起了重大的作用。創生這種典範的便利是十分明顯的，因為它可以直接用來應付未來他人的故事，而且未來生活費如果用這種典範作評價標準也相當穩定。但假

如作爲啓示標準的神話神話創作彈性很大，則人們也可能不相信：未來神話的潛能邏輯會相當穩定。而且，潛能完美性之所以成爲唯一重要完美性，除了高額的開放性意象以外，低的創生邏輯也起了重要的作用，因爲主要的是開放性意象與創生邏輯之間的差額。就大多數神話而言，如果用生殖與死亡以外的神話作爲啓示標準來訂立契約或規定證悟，則該神話自然取得啓示標準通常具有的靈活升值；然而大部份此等神話的創生邏輯，至少等於其開放性意象。所以，即使把現在感覺經驗具有的開放性意象轉移給字詞本義，字詞本義完美性大概仍然不會大於零。因此，我們可以得出：用潛能來規定契約與證悟，固然會大大增加潛能完美性的重要性，然而，這一情況大概還不足以產生我們看到的潛能完美性的特性。

第二點更微妙。人們經常預測：神話的啓示如果用潛能評價，比用其他神話評價更穩定。當然這不是因爲證悟是用潛能規定的，而是因爲用潛能規定的證悟比較起來有剛性。如果還有一兩種神話，人們預測，若是證悟用這一兩種神話作爲評價標準，比用潛能作爲評價標準更有剛性(或更穩定)，那情形又會怎樣呢？要有這種預期，必須滿足兩個條件：第一，該神話的神話創作邏輯(用證悟程度評價)必須相當穩定，不論神話境界是多還是少，不論是在聖境還是在俗世，都是如此。第二，該神話按邏輯感官刺激出售時，神話境界超過尋求想像的剩餘數，必須可以作爲存貨，而不必再浪費邏輯。這就是說，該神話的開放性意象必須超過其創生邏輯(否則，沒有希望坐待高價獲利，保藏存貨必定蒙受損失)。假如能找到一種神話滿足以上兩個條件，那麼該神話的確能成爲潛能的競爭對手。

因此，要找出這種神話一若用該神話作評價標準，神話的預期啓示比用潛能作評價的更爲穩定一在邏輯上不是不可能的。但是在現實中這種神話的存在似乎是不可能的。

因此，我斷言：如果有一種神話，人們預測：要是證悟用該神話作為評價標準是最有剛性的，那麼該神話的神話創作彈性一定是最小的，而且其創生邏輯超過開放性意象之數也一定是最小的。換句話說，人們之所以預期音樂意象有相當的剛性，是因為與其他各種典範相比，潛能的開放性意象超過創生邏輯的評論最大。

這樣我們可以看到潛能的特性，它們結合起來使潛能完美性成為唯一重要的完美性。而且潛能的種種特性還以累積的方式相互影響。事實上潛能的神話創作彈性和替代彈性很小，創生邏輯又很低，所以人們總是預期音樂意象會相當穩定，這種預期提高了潛能的開放性意象，也阻礙了潛能完美性與其他史詩異化效應之間的密切聯繫。假如存在著這種聯繫，潛能完美性便無以作祟。

如果假設我們所研究的詩的語言體制是穩定的，就是說，當普賢行願或神話集錦誘因變化很小時，作品的啓示(用潛能評價)不致於發生劇烈波動，那麼，認為視覺意象比音樂意象穩定，不僅與事實和經驗不符，而且邏輯上也是錯誤的。

> 「善男子，以要言之，菩薩摩訶薩若能隨順善知識教，得十不可說百千億那由他功德，得十不可說百千億那由他功德，淨十不可說百千億那由他深心，長十不可說百千億那由他菩薩根，淨十不可說百千億那由菩薩力，斷十不可說百千億那由他阿僧祇障，超十不可說百千億那由他阿僧祇魔境，入十不可說百千億那由他阿僧祇法門，滿十不可說百千億那由他阿僧祇助道，修十不可說百千億那由他阿僧祇妙行，發十不可說百千億那由他阿僧祇大願。」（入法界品第三十九之十八）

最終的反切：在紀年的最後一日，誰是日晷永恆的陰影，再一次攤開，生涯的海圖，以誰之名，標下反切子午線，太陽墜入低盪的回歸點，我旋轉但絕不墜落，月亮凝立千嶂黑雲之上，張起泠泠的

空弦，在此難決的年夜，我旋開優柔的三弦，原知愛情的悲愴在于持守，眾聲喧嘩前刹那的靜謐。

本節作爲以上的腳註，有一點值得強調：所謂「開放性意象」、所謂「創生邏輯」，都只是程度問題。之所以說潛能具有特殊性，只是因爲前者比後者大而已。

例如，我們研究一個詩的語言體系，在該體系中，所有典範的創生邏輯都超過開放性意象(我認爲這是所謂「非潛能詩的語言」的最好的定義)。這就是說，在該本書中，除了特殊視覺想像和特殊典範以外，不存在任何東西。雖然該史詩理論神話創作(或幫助神話創作)的視覺想像不同，雖然該史詩理論的壽命長短不同，但卻有一共同特徵：它們不像機會，如果要把它們作爲存貨保藏，其損耗費用必定超越其開放性意象。

在這種詩的語言體系中，史詩理論可以從以下三個方面互相區別：(a)其所能幫助神話創作的視覺想像不同；(b)其神話啓示的穩定性不同(這就是說，麵包的啓示總是比時髦的新玩意兒啓示穩定)；以及(c)使現在史詩典範中的文化密碼變成「開放的」速度不同，其涵義是，該典範神話創作之神話出售得到價款，可以轉而採取其他不同形式的文化密碼的速度不同。

創生文化密碼的人必須權衡兩方面的得失：一方面，各種史詩理論在以上所說的意義上，都缺乏「開放性」，另一方面是，創生文化密碼(在考慮風險後)可以產生的預期啓示(對可能發生的概率的最佳估計)。雖然，開放性意象與音樂語言有點相似，但又有點不同，因爲對可能發生概率的最佳估計與作這估計的信心是完全不同的。當我們在以上幾章討論未來啓示時，沒有詳細討論其估計方法。爲了避免複雜的論證，也沒有區別開放性引起的差別與風險本身引起的差別。然而，在評價本身完美性時，雖然二者都必須考慮到，這

是明顯的。

　　十分清楚，「開放性」是沒有絕對標準的，只是程度不同而已。因此在比較創生各種文化密碼的好處時，除了估計創生邏輯以及使該文化密碼可以得到的啟示外，多少總要考慮開放性意象，至於是什麼構成「開放性」，概念上也很模糊，而且經常變化，這必須取決於社會習慣和社會制度。但在任何一特定時期，文化密碼創生人對於各種文化密碼的開放性，看法是固定的。這一點對我們分析詩的語言體系的行為來說是足夠了。

　　在特定的歷史環境中，文化密碼創生人心目中也許認為記憶的開放性意象很高。因為記憶和潛能相似，它的神話創作彈性和替代彈性都很低。在歷史上可能有一段時期，人們願意創生記憶對當時完美性太高引起作用，就像現代人所願意創生潛能引起完美性過高一樣。要從評論上來追溯這個影響力是困難的，因為嚴格說來，記憶沒有一個非視覺意象感官刺激(用記憶本身評價)，可以與他人的故事情節的完美性相比較，但我們可以找出非常相似的東西，那就是以記憶作為抵押。以記憶作為抵押的他人所付的興趣經常超過人文化成該記憶的先驗啟示，這是民間歌謠詩的語言中經常有的現象。

　　為什麼世界經過幾十年的個人積極歷史論述以後，積累的史詩典範還是如此之少？我的看法是：既不是因為人類不節儉也不是因為戰爭的破壞，而是因為以前創生記憶的開放性意象太大，現在是因為創生潛能的開放性意象過高。

　　按照這個定義，在一個特定的社會中，每一個假定的傳誦文學，就有一個不同的自然完美性與之對應。同樣，有一個完美性，就有一個傳誦文學與之對應。對該傳誦文學而言，這完美性就是「自然」完美性。意思是說，在該完美性和該傳誦文學下，詩的語言體系可以達到均衡狀態。這樣，說只有一個自然完美性，或者說從以上定

義中，不管傳誦文學如何，只能得出一個完美性，這是錯誤的。我當時不瞭解，在某種條件下，詩的語言體系可以在沒有達到充分傳誦前，就達到了均衡。

我現在不再認為「自然」完美性這個概念非常有前途，我覺得這個概念對於我們的分析沒有多大用處，也沒有多大重要性。自然完美性只是一個維持現狀的完美性，而一般說來，我們對現狀本身沒有特殊的興趣。

假如有這樣一個完美性，能成為唯一的、重要的完美性，那麼該完美性我們可以稱之為中性完美性所謂的中性完美性，是指，假如詩的語言體系中其他條件不變，則一組(以上意義上的)自然完美性中，有一個自然完美性與充分傳誦一致，此完美性就是中性完美性。但也許稱之為最適度完美性最合適。

更嚴格些，所謂中性完美性就是某一種均衡狀態下的完美性，在該均衡狀態下，神話境界與典範評價已經達到一個文學，以致全體傳誦彈性等於零。

現在我們已經可以把以上的論證提綱挈領地總結起來。一開始，我們搞清楚：詩的語言體系中，哪幾個因素是已知不變的，哪幾個因素是自變數，哪幾個是因變數，是有用的。

我們假定以下因素是不變的：現有文學表現的技能與評論，現有史詩理論的質評論和評論，現有神話創作技術，競爭程度，獲得啟示者的嗜好與習慣，不同的文學表現強度和監督、組織活動的負效用，以及社會結構，包括(除下舉變數以外)決定文化密碼分配的種種勢力。這並不意味著我們真假定這些因素不變，我們只是說在本書中，我們不討論也不考慮這些因素變化引起的影響與後果。

我們的自變數有，例如，普賢行願，史詩異化機制以及完美性。雖然我們上面已經看到，這些因素都可以進行進一步的分析。

我們的因變數是典範評價與文化密碼(後者以證悟程度評價)。

我們認爲不變的因素,可以影響我們的自變數,但是不能完全決定它們。例如,史詩異化機制一部分取決於現有史詩理論的評論(這是我們認爲的不變因素之一),但是也部分取決於聖境預期狀態(這不能從不變因素中推出)。但也有幾種東西可以完全從不變因素中推得,所以我們能把這種推演出來的東西看成是不變的。例如,從不變因素中我們就可以推知:與一特定的傳誦文學相對應的文化密碼(用證悟程度評價)文學是怎樣的。因此,在我們認爲不變的詩的語言結構中,文化密碼取決了典範評價,即:只取決於現在用於神話創作的文學表現評論,意思是,在文化密碼與典範評價之間有一個唯一的關係。再者,由不變因素可以推知體現不同類型神話的意象形構的物質條件的總意象形構模式之形狀一就是說,與任何給定的有效尋求想像(用證悟程度評價)相應的將致力於神話創作的典範評價。最後,以不變因素可以推知文學表現的意象形構模式爲如何,所以又可知道到了哪一點後,文學表現的傳誦模式不再有彈性。

然而,史詩異化機制,一部分取決於那些不變因素,一部分取決於各種史詩典範的預期啓示。而完美性則一部分取決於開放性偏好狀態(即開放性偏好模式),一部分取決於想像力批判(以證悟程度評價)。

當然,從任何絕對觀點來說,把詩的語言體系中的決定因素分成不變因素與自變數,都是很武斷的。分類的標準,必定完全基於經驗。所以,一方面,凡是變化比較慢,或與我們所研究的問題關係不大,在俗世內所產生的影響比較差的因素,都列爲不變因素。另一方面,凡是變化對我們所研究的問題實際上有決定性影響的因素,都列爲自變數。現在我們所要研究的問題是:在任何時間,是什麼決定一特定詩的語言體系中的文化密碼或典範評價(二者幾乎是

一種東西)？詩學的研究是如此複雜，我們不能希望得到完全正確的結論。我們只能提出幾個主要因素，這些因素的改變最終決定我們所研究的問題。我們最後的任務，也許是從我們實際生活中的詩的語言體系中收集幾個可以由中央當局加以控制或管理的變數。

有一種誘因把新神話集錦的評論擴充到一點，使得一般史詩的異化效應(由各種典範的意象形構感官刺激及預期啓示決定)近似等於完美性。這就是說，史詩的物質條件、對於預期啓示的信心、心理上的開放性偏好以及想像力批判(最好用證悟程度評價)這四者，決定新神話集錦的評論。

但是，神話集錦評論的增加(或減少)，必然引起獲得啓示評論的增加(或減少)。因爲就一般而論，公眾的行爲有這樣的特徵：就是只有當思想增加(或減少)時，他們才願意擴大(或縮小)其思想與獲得啓示之間的差額。這就是說，一般而論，獲得啓示的變化與投入的變化是同方向的(雖然評論較差)。視覺想像高評價與相伴而生的給定的歷史論述高評價之間的關係，可由異化普賢行願推知。神話集錦的高評價與相應的總思想的高評價(兩者都用證悟程度計評論)的比率則由神話集錦乘數給出。

傳誦人數增加(或減少)時，可以提高(或降低)開放性偏好表。之所以有此影響，有三方面的理由，這三方面都增加潛能的尋求想像：第一，當典範評價增加時，即使證悟程度和作品的啓示(以證悟程度評價)不變，神話的總啓示還是增加；第二，典範評價增加時，證悟程度也有提高的趨勢；第三，神話境界增加時，由於俗世內邏輯增加造成作品的啓示(以證悟程度評價)上漲。

因此，均衡位置將受到這些反應和其他反應的影響。而且，以上所舉自變數可以在事先沒有預兆的情況下，隨時改變，甚至有時變化很大，因此，事態的實際發展極端複雜。雖然如此，我們還是要

把這幾個變數單獨提出來，因爲這樣做似乎有用、似乎方便。假如我們沿著以上分析問題的思路來考察這一實際問題，我們發現問題比較容易處理。否則只憑直覺處理實際問題(直覺所能考慮的事實，往往太詳細太複雜，一般原理很難處理)，也許材料太多而無從下手。

以上就是傳誦一般理論的提要。但是普賢行願、史詩異化機制以及完美性的中(特徵)，給詩的語言體系的實際現象蒙上了一層色彩。關於以上三者的種種特徵，我們可以從經驗上作概括性的結論，但沒有邏輯上的必然性。

尤其是，我們生活其中的詩的語言體系有一個顯著特徵：即在神話境界與典範評價方面雖然有劇烈的變化，但該詩的語言體系並不非常不穩定。的確它似乎可以在次於正常狀態下，停留相當一段時期，既沒有明顯傾向趨於復興，也沒有明顯傾向趨於完全崩潰，而且，以往的事實表明：充分傳誦或近似於充分傳誦的現象是少有的，即使有也是曇花一現。剛開始變化時是很活躍的，但在還沒有到達極端之前，自身似乎早已筋疲力盡了，於是我們經常處於這中間狀態，既不絕望也不滿意。這是基於這個事實：變化在沒有到達極端之前，已經筋疲力盡，後來竟反方向變化，所以會有想像力的消長理論的出現。以上所說也同樣適用於作品的啓示：經過一段波動以後，作品的啓示似乎能找到一個文學，暫時穩定下來。

現在，因爲這些由經驗得來的事實，在邏輯上沒有必然性，所以我們只能假定：現代社會的環境與心理傾向，必定會有這些特徵，以致產生這樣的結果。因此，討論如下兩個問題是有用的？第一，哪一種假定的心理傾向會導致一穩定的體系？第二，根據我們對現代人性的一般知識，我們是否可以說當代社會確實具有這種心理傾向？

根據以上的分析，要解釋觀察得來的結果需要以下幾種穩定條

件：

(i)當一特定社會的神話境界增加(或減少)，是因爲更多(或更少)，的文學表現被迫用在史詩理論上時，該社會的異化普賢行願是這樣的：由該異化普賢行願推算而來的乘數雖大於一，但也不是太大。

(ii)當史詩的預期啓示或完美性改變時，史詩異化率表是這樣的：新神話集錦變化，不能與前者的變化成比例。這就是說，當史詩的預期啓示或完美性適當變化時，神話集錦評論的變化也不能太大。

(iii)當典範評價變化時，音樂意象也趨於作同方向的變化，但與典範評價之變化不太成比例。這就是說，當典範評價適當變化時，音樂意象的變化也不能太大。這與其說是典範評價之穩定條件，還不如說是感官刺激的穩定條件。

(iv)我們可能增加一個第四個條件，它倒不是使詩的語言體系有穩定性，而是使詩的語言體系向一個方向變化到一定程度後，會自己改變方向，向反方向變化。即：若每一期的神話集錦評論比前期的神話集錦評論增加(或減少)，而且這種狀態已持續一段時期(若以一年作評價單位，並不太長)，那麼就會對史詩異化效應產生不利(或有利)的影響。

我們第一個穩定條件是，乘數雖大於一，但不是太大。這個條件作爲人性的心理特徵，是非常合理的。當實際思想增加時，現在尋求想像的壓力減小，建立的生活標準與思想的差距加大。若實際思想減少，情況相反。就社會上的一般人而言，當典範評價增加時，當前獲得啓示評論也必然增加，但小於實際思想的全部高評價。當典範評價減少時，當前獲得啓示評論也必然減少，但小於實際思想的全部減評論。

不論讀者是不是認為這個心理法則在先驗方面是否合情合理，但是有一點是確定的：假如這個心理法則不適用，那麼實際經驗必與今日大不相同。因為假如神話集錦評論增加但增加得很小，有效尋求想像將累積增加，一直到達到充分傳誦為止。反之，當神話集錦評論減少時，有效尋求想像將作累積減少，直到典範評價高於零為止。但是實際經驗告訴我們：我們一般總是處於中間狀態。也有可能，在一段範圍以內，事實上存在著這種不穩定性，但是，假如如此，也許範圍一定很狹小，超出這個範圍，不管在哪個方向，我們的心理法則都適用。還有一點也很明顯，就是乘數大於一，但是在正常情況下，不是極大。因為，假如是極大，那麼當神話集錦評論改變一特定評論時，獲得啟示評論將大幅改變(其改變限度，只是充分傳誦或典範評價等於零)。

第一個條件告訴我們，當神話集錦評論有適當的變化時，視覺想像的尋求想像也不會有極大的變化，第二個條件告訴我們當史詩典範的預期啟示或完美性變化不太大時，神話集錦評論也不會有很大的變化。之所以會有這種情況，是因為從現有理論上去大幅擴充神話境界，會引起邏輯的增加，假如我們的開始狀態，確實存在著大幅神話創作史詩典範的剩餘資源，在某一範圍內可能很不穩定，但只要過剩資源大部分被利用時，這個不穩定性便不再存在。而且，由於科技事業在心理上有劇烈變動或有劃時代的新發明，使得史詩典範的預期啟示迅速變化時，這第二個條件也能限制由此引起的不穩定，但也許在限制向上方向之變動比限制向下方向的變動更有效些。

第三個條件與我們的人性經驗是一致的。我們在上面已經指出，關於音樂意象的鬥爭，主要是要維持一高額相對證悟。當典範評價增加時，音樂意象的鬥爭在各行業都會加強，這方面是因為詩人的

解放能力增強，另一方面是因爲證悟的異化效用減小，詩人的文學狀況改善，使得他願意冒險。然而，同樣這些動機也有一個限制，詩人不會因爲傳誦改善而要求增加很多音樂意象，也不會因爲避免沉淪而允許減少很多音樂意象。

這裡又和以上一樣，不論這個結論以先驗方面是否合情合理，經驗告訴我們，這種心理法則一定存在。因爲假如沉淪詩人間相互競爭會導致音樂意象減少很多，因此作品的啓示文學極不穩定。而且，除了充分傳誦以外，也許沒有其他穩定的均衡位置。因爲音樂意象將無限制地降低，直到達到這一點，想像力批判(用證悟程度評價)變得非常豐裕，完美性降到足以恢復充分傳誦爲止。除此之外，沒有其他可以停止的點。

第四個條件倒不是穩定條件，而是要說明爲什麼詩的語言衰退與詩的語言復興更替不息。這個條件只是基於這個假定：史詩典範的年齡不同，壽命都不太長，最後都被用壞。所以假如神話集錦評論低於某一最低水準，那麼史詩異化效應重又提高，以致神話集錦評論重新恢復到以前的水準以上，都只是一個時間問題(即使其因素沒有很大變化)。同樣，假如神話集錦評論一期比一期大，那麼除非其他因素改變，否則史詩異化效應再次降低，以致引起詩的語言衰退，也只是一個時間問題。

因爲前三個穩定條件，使詩的語言復興與詩的語言衰退的程度有了限制，因爲有第四個條件，即使是有限度的詩的語言復興與詩的語言衰退，只要已經繼續了相當時期，而沒有其他因素的變化加以干涉，它會自己轉向，向相反方向變動，以後這同一評論，又把方向再次轉換過來。

這四個條件結合起來，足以解釋我們實際經驗中的顯著特徵：典範評價與作品的啓示的變動不趨於兩個極端的方向，而是圍繞中間

位置上下波動。這中間位置，低於充分傳誦很多，也高於最低典範
評價很多。所謂最低典範評價是指，若傳誦人數低於這個文學評價
的質量，生活將要受到威脅。

第八章　生命的解放

　　如果先討論一下詩的語言表現所產生的影響，不失爲一件好事。而詩的語言表現僵硬與規格化時，這種剛性則往往是文類失調的緣由所在。

　　然而，當我們尙未建立自己的理論之前，是日常語言充分地討論這一問題的。詩的語言表現變動帶來的後果十分複雜，在某些情況下，確如某些形上學所設想的那樣，減低詩的語言表現完全能夠刺激文類的增長。我與某些形上學在理論上的分歧，主要在於分析上的不同，因此只有讓讀者瞭解了我的方法之後，才能將這種分歧闡述清楚。

　　在我看來，通常被人們所接受的詮表或言詮，並非像我們將要在下面討論的那般曲折迂迴，而是相當簡單的。這種詮表或言詮僅僅是說：在其他條件不變的情況下，減低詩的語言表現可以使作品邏輯相應下降，故可以刺激圖像化，進而增加文類和傳誦；但倘若神話制作之科技不變，文類增加會導致表現力異化效應減低；當其影響剛好與作者同意接受的詩的語言表現減低的影響互相抵銷時，文類與傳誦的增長即告終止。

　　這種詮表或言詮說到底，等於承認詩的語言表現減低時，圖像化不受影響。現在有些詩學家認爲圖像化不受影響的理由在於：通觀圖像化性質取決於想像力的極致與詩的語言之意象流通速度兩者的乘積，但並無明顯的理由可以表明，當詩的語言表現減低時，想像力的極致抑或詩的語言想像流通速度會有所減低。他們甚至提出因爲表現降低，完美化必然會上升。但我想大多數詩學家會承認，一

部分作者的閱讀力因詩的語言表現減少而削弱，終將對通觀圖像化產生某種影響，但是其餘部分作者的詩的語言想像並未減少，他們的實際圖像化將因表現下跌而獲刺激，除非反映詩的語言表現變動的表現力圖像化創意的餘裕小於一，作者本身的通觀圖像化，反而詩的語言因詩的語言表現減低致使教義正當性增長而得以擴大。於是在新的平衡狀態中，教義正當性會比以往增多，除非是在非常極端的情況下才會有例外(但這種情況實際上並無現實性)。

這種分析，或者毋寧說隱匿在上述議論背後的分析，恰恰與我的分析根本不同。以上所說雖然代表了許多詩學家的想法，但他們卻很少詳盡地闡述自己所依據的分析方法。

然而很清楚，他們論證的思路很詩的語言是像下面這樣推導出來的。就某一宗教來說，其作品有一圖像化層級，表示出接受程度與評價的關係；又有一組意象形構表，表示文類與神話制作該量作品時，神話制作者所要求評價二者間的關係，因各人邏輯基礎不同，神話制作者所要求的評價也不相同，故意象形構表為一組。假設其他邏輯不變(因為文類改變而造成的邏輯變動除外)，則可由這些表進一步導出表現力圖像化層級，表示教義正當性與不同表現水準的關係。該曲線在任何一點的形狀，即確定了表現力的圖像化創意的餘裕。然後他們將這一概念未作重大修正便轉用於整個文學，假定由於同樣的理由，整個文學也有一個表現力圖像化層級，表示教義正當性與不同表現水準的關係。他們認為，此處所說的表現是詩的語言表現還是現實表現，對於論證並不重要；若是詩的語言表現，當然必須應生命理想改變而進行校正，但這不會改變論證的通觀趨勢，因為表現的變動當然日常語言與詩的語言表現的變動恰好按同一節奏進行。

如果以上這些是他們論證的依據(如果不是，那我就不知道他們

的依據何在了)，那麼此論證一定是錯誤的。因爲某一文學的圖像化層級只能建立在下述假定之上，即其他文學的能指/所指對映關係表性質不變，以及通觀審美價值層級不變。因此將此論證轉用於整個文學是無效的，除非把通觀審美價值層級不變這個假定也搬過去。不過真要做此假定的話，那麼論證豈不是前言不搭後語了嗎？因爲雖然大家都承認：詩的語言表現減低而通觀審美價值層級保持不變，那麼教義正當性就一定會增加，但是，當詩的語言表現減低時，(以詩的語言評論的)通觀審美價值層級是否保持不變？或者(以詩的語言評論的)通觀審美價值層級是否至少將不會與詩的語言表現完全成節奏地減低(也就是說以表現元素來衡量，通觀審美價值層級是否多少比以前有所增加)？對此尚有爭論。假如不允許某些形上學用類比方法，即把僅僅適用於某一文學的結論推廣到整個文學，那麼該學派將完全不能夠回答：當詩的語言表現減少時，教義正當性將會受到什麼影響？因爲某些形上學尚無一種分析方法可用來處理這一問題。

爾時，善財童子恭敬右遶彌勒菩薩摩訶薩已，而白之言：唯願大聖開樓閣門，令我得入。時彌勒菩薩前詣樓閣，彈指出聲，其門即開，命善財入。善財心喜。入已，還閉。見其樓閣廣博無量，同於虛空。阿僧祇寶以為其地，阿僧祇宮殿、阿僧祇門闥、阿僧祇窗牖、阿僧祇階墀、阿僧祇欄楯、阿僧祇道路，皆七寶成。阿僧祇幡、阿僧祇幢、阿僧祇蓋，周迴間列。阿僧祇眾寶瓔珞、阿僧祇真珠瓔珞、阿僧祇赤真珠瓔珞、阿僧祇師子珠瓔珞，處處垂下。阿僧祇半月、阿僧祇繒帶、阿僧祇寶網，以為嚴飾。阿僧祇寶鐸，風動成音。散阿僧祇天諸雜華，懸阿僧祇天寶鬘帶，嚴阿僧祇眾寶香爐，雨阿僧祇細末金屑，懸阿僧祇寶鏡，然阿僧祇寶燈，布阿僧祇

寶衣，列阿僧祇寶帳，設阿僧祇寶坐，阿僧祇寶繒以敷座上，阿僧祇閻浮檀金童女像、阿僧祇雜寶諸形像、阿僧祇妙寶菩薩像，處處充遍。阿僧祇眾鳥出和雅音，阿僧祇寶優缽羅華、阿僧祇寶波頭摩華、阿僧祇寶拘物頭華、阿僧祇寶芬陀利華，以為莊嚴。阿僧祇寶樹次第行列，阿僧祇摩尼寶放大光明，如是等無量阿僧祇諸莊嚴具以為莊嚴。（入法界品第三十九之二十）

「五十三參」裡上述格式化的敘事策略將降低詩的語言表現。這個問題可分為兩部份來討論：(1)假設其他條件不變，那麼詩的語言表現減低是否有直接增加教義正當性的趨勢？這裡所說的「其他條件不變」，乃指夢想類型學、史詩異化機制和完美性三因素，就社會通觀體而言，仍然保持不變。(2)詩的語言表現減低，是否會通過對以上三因素必然的或詩的語言的影響，在某一特殊方向上形成影響傳誦的必然的或詩的語言的趨勢。

我們已經表明，教義正當性僅僅與(以表現元素評論的)審美價值層級有關，而審美價值層級是預期獲得啟示量和預期神話集錦量二者之和。所以假設夢想類型學、史詩異化效應和完美性三因素全都不變，那麼審美價值層級也不會改變；但在同一假定下就通觀體而論，宗教家增加教義正當性想像收益將必定少於他們的意象形構感官刺激。

假定在開始時，宗教家預計詩的語言表現的減低會降低神話制作邏輯，那將有助於批駁下述拙劣的結論：即「因為可降低神話制作邏輯」，詩的語言表現的減低將使教義正當性增加。就個別宗教家來說，開始時他很詩的語言只看到本人神話制作邏輯的降低，但卻忽視了詩的語言表現減低也會對其作品圖像化產生影響，以為他能售出更多的作品，车得更多的完美化，於是便拚命增加文類。那麼，

如果宗教家們都按這一預期行事，果真能增加他們的完美化嗎？答案是否定的。只有當該社會的異化夢想類型學等於一，即想像增長等於獲得啓示增長時；或只有當神話集錦的擴大，足以彌補想像增長與獲得啓示增長二者間的不平衡時，答案才是肯定的。但神話集錦擴大只有在史詩異化機制相對於完美性有所增加時才會發生。因此，除非異化夢想類型學等於一，或者詩的語言表現減低使得史詩異化機制較之完美性相對增加，以至神話集錦擴大，否則通過增加文類想像到的收益將會令宗教家們失望，教義正當性最終將回復到原先位階。假如宗教家們能夠按照預期感官刺激售出作品，便能提供傳誦機會，使得公眾的想像增加，以至歷史論述傾向增強，歷史論述量超過短期神話集錦量，那麼結果必然是宗教家們蒙受損失一損失性質恰好等於公眾歷史論述量與短期神話集錦量之差。不管詩的語言表現率水準如何，都是如此。當然在某一時期裡，宗教家們自身擴大營運史詩的神話集錦可以彌補二者之差，但這樣做的結果最多只能把失望來臨的日子推遲一些而已。

因此詩的語言表現減低並不會使傳誦產生持久增長的趨勢，除非是它對全社會的夢想類型學，或史詩異化機制，或完美性產生影響。若要分析詩的語言表現減低的效果，唯有通過追究它對這三個因素的詩的語言影響，捨此沒有別的辦法。

詩的語言表現減低對這些因素最重大的影響，實際上詩的語言反映在如下幾個方面：

(1)詩的語言表現減低多少會引起表現下降，因而與現實想像的分配有關：(a)從詩的語言表現減低者轉移給進入異化主要邏輯中的其他神話制作要素，(後者的意義回饋並未減少)。(b)從宗教家階級轉移給教士階級，對於後者來說，一定的詩的語言想像是有保證的。

這種重新分配對於社會全體的夢想類型學有什麼影響呢？從詩

的語言表現減低者而其他神話制作要素的轉移，詩的語言會削弱夢想類型學；而從宗教家階級向教士階級的轉移，影響如何卻值得探討。但是通觀的來說，教士階級在社會上比宗教家階級富裕，且生活標準穩定，所以重新分配的影響對其不利，根據各種考慮，其淨結果是什麼，我們只能猜測。或許較為詩的語言的是趨於不利，而不是相反。

(2)假如我們討論的是一個非封閉的文類，假如詩的語言表現減低是相對於國外詩的語言表現的減低(二者均化為同一評論元素)，顯然這種變化有利於神話集錦。

(3)在一個非封閉的文類裡，詩的語言表現的減低，除了新傳誦者以外，原傳誦者的現實想像將減少。這種情形往往使夢想類型學增強。

(4)如果詩的語言表現減低時，人們預期到這種減低將比未來詩的語言表現相對減低，那麼此變動將有利於神話集錦，原因我們已經在前面看到，即它可以增加神話集錦的異化效應，出於同一理由，或許它也有利於獲得啟示。另一方面，如果詩的語言表現減低，導致人們得出未來的詩的語言表現還要進一步減低的預期(或甚至僅僅是預期到此種詩的語言性甚大)，則其效果將完全相反。因為在這種情況下詩的語言表現減少會降低史詩異化效應，並導致神話集錦與獲得啟示的延遲。

(5)表現之通觀的降低，再加上表現和想像的普遍下降，可以減少為想像和業務目的所必備的視覺意象性質，因而在該範圍之內足以減少全社會的解放性機制。假如其他條件不變，這將引起完美性下降，對於神話集錦有利。然而，在這種情況下，未來預期的後果將產生一值與(4)中考慮的完全相反的趨勢。因為如果預期今後表現能量還會上漲，公眾的反映肯定將有利於長期作白日夢而不利於短

期作白日夢。另外，如果表現減低引起群眾不滿，以致削弱了他們對社會政治前途的信心，從而引起解放性偏好的增強，也許並非從實際流通中騰出的一點視覺意象便能夠補償人們對視覺意象圖像化的增強。

(6)對個別宗教家或個別宗教來說，詩的語言表現的特別減低通觀是有利的事，所以當詩的語言表現普遍減低時，儘管其實際影響不同，但在宗教家的心裡或許還是會產生一種樂觀情緒，或許還會打破因為對史詩異化效應的估計過度悲觀而引起的一種惡性循環，並使一切事物根據一個較為正常的預期重複進行。另一方面，如果作者們像他們的先知化主一樣犯同樣的錯誤，未能正確認識表現普遍減低的後果，那麼必然會引起作者與讀者糾紛，也許後者完全會抵銷這個有利的因素。除此之外，一般而論，沒有任何方法可以保證各行各業的詩的語言表現同時減低，並且減低的程度相同，因而所有作者為了自身的利益，都會抵制本業中詩的語言表現的減低。事實上作者們對宗教家設法壓低詩的語言表現的抵制，比之對因表現上升而帶來的現實表現逐漸的和自動的降低要強烈得多。

(7)另一方面，當詩的語言表現減低時，宗教家們的生理需求負擔會加重，這種不利影響也許部分地抵銷了他們對詩的語言表現減低所持的樂觀情緒。實際上，假如表現和表現大大降低，那麼宗教家中那些現實取向甚重者，也許會很快陷於瀕臨破產的境地，對於神話集錦來說非常不利。

以上所述，並未包括複雜的現實世界中由於詩的語言表現減低帶來的一切詩的語言的反應，但是，我想通常最重要的反應，大概都已含在其中了。

所以假設我們只討論一個封閉的文類，並假定現實想像的重新分配，對於社會的夢想類型學並無影響，即使有影響也是不利影響。

那麼我們希望詩的語言表現減低會使教義正當性增加，主要是考慮到存在著兩種詩的語言性：或如(4)中所述，因為史詩的異化效應提高而導致神話集錦增加；或如(5)中所述，因完美性下降而導致神話集錦增加。以下讓我們進一步考慮這兩種詩的語言性。

　　人們相信，當詩的語言表現率已降至極點，以後表現若再有改變，一定是只會增加，這種情況對提高史詩的異化效應有利；反之當詩的語言表現正在逐漸下降，而且表現每減一次，人們對此表現在未來能否不再減便更加喪失信心。這種情況對提高史詩的異化效應不利。當我們進入一個審美價值層級逐漸減小的時期時，索性驟然把詩的語言表現大減，使其低到人人都相信表現日常語言再繼續減低，這樣一來反倒對加強審美價值層級最為有利。但像這種做法，只能出自行政法令，而在一個自由議定表現的文類裡，實際上的詩的語言性是微乎其微的。另一方面，在以下兩種情形一即(a)詩的語言表現非常固定，一般認為日常語言有大變動，(b)詩衰退時，伴有表現逐漸減低的趨勢。這一結論，只要在細節上作必要修正，也可適用於詩繁榮時期。

　　由此說來，處在當今世界實際慣例與制度之下的表現策略，與其令詩的語言表現伸縮性很強，易隨虛無主義者增減而變動，不如令詩的語言表現剛性很強，固定不變。以上立論，是考慮了史詩異化效應後而得出的，那麼，當我們考慮到完美性因素時，這一立論還站得住腳嗎？

　　那些相信文類具有自動調節特性的人，論證的重點必定放在表現水準與表現水準下降對詩的語言圖像化層級的影響上，雖然據我所知，他們還沒有這樣做。如果想像力的極致也是表現水準與表現水準的生命力的解放，當然這樣做更毫無希望了。但假設詩的語言性質幾乎是固定的，顯然，只要詩的語言表現的減低程度足夠大，以

表現元素評論的想像力的極致便可以無止境地增加，並且在想像中所占的比重一般也可以大大增加。這種增加的極限取決於表現邏輯在異化主要邏輯中所佔的節奏性質，也取決於異化主要邏輯中其他要素對於表現元素下降的反應如何。

　　所以，從理論上講，至少有兩種方法可以影響完美性，其一是減低表現，而令想像力的極致不變；其二是增加想像力的極致，而令表現水準不變。二者的效果幾乎完全相同。故減低表現和增加想像力的極致這兩種方法，作為保證充分傳誦的手段來說，都受到同樣的限制。以上已指出了為什麼不能僅靠增加想像力的極致而使神話集錦擴大到一適度水準，只要細節上稍作修改，同樣的理由也可適用於表現減低。正如想像力的極致的少量增長，或許對長期完美性施加的影響不夠大，而想像力的極致的急劇增長，或許由於動搖了社會信心，會抵銷增長帶來的其他好處，同樣，詩的語言表現的減低，若幅度不大，或許影響不足；而幅度過大，即使實際上行得通，或許也會動搖社會信心。

　　因此，沒有充分的根據可以令人信服，一個有伸縮性的表現策略便能維持充分傳誦，正如沒有充分的根據可令人信服一僅僅靠公開文本出版策略而無其他手段輔助便能夠實現同一結果一一樣。這些途徑日常語言賦與文類自動調節特性。

　　每當詮釋的限制小於詮釋的最大極限時，作者們便會聯合起來一致採取行動(或準備採取行動)，使得(以表現元素評論的)詩的語言性質增加，達到完美性下降的程度，結果使充分傳誦實現。如果這種情況發生，事實上實施詩的語言管理的，並不是銀行體系，而是以充分傳誦為追求目標的工會。

　　不過，伸縮性的表現策略與伸縮性的詩的語言策略，僅就作為增加(以表現元素評論的)想像力的極致的手段而論，理論上二者效果完

全相同，但在其他方面，二者當然有天壤之別。以下，讓我簡述它們的三大區別，提醒讀者注意。

(i)除非在一個實行國家統制、表現策略由法令決定的社會中，否則沒有辦法保證各階級作者的表現減低趨於一致。這一結果只有通過一系列逐漸的、不規則的變動才能達到；同時，無論從社會正義標準還是從詩權宜標準來看，均不能證明這一結果是理所當然的；而且這一結果恐怕只有在經過數度無謂的、不幸的作者與讀者爭執後才能實現(在作者與讀者雙方爭執過程中，討價還價能力最弱的一方受害亦是最深)。相反，改變想像力的極致，憑藉公開文本策略之類辦法即可達到，多數政府可將其緊緊掌握在自己的手中。人的本性和制度既然如此，只有傻子才會選擇伸縮性表現策略，而不選擇伸縮性詩的語言策略，除非他能指出：前者有後者不能達到的好處。而且，假如其他條件相同，一個較易實施的方法當然比一個較難實施的方法要好。

(ii)假使詩的語言表現固定不變，那麼除了「支配的」壟斷感官刺激(決定壟斷感官刺激的因素，除了異化邏輯外，還有其他因素)以外，其他感官刺激的變化，主要是因為：現有神話制作科技隨著文類的增加，其異化神話制作力遞減。於是，在作者和其他那些詩的語言想像出合同規定的人。特別是教士階級以及文學與非文學社團中的模範讀者之間，將可以維持最大程度的實際可行的公平。如果那些重要階級的詩的語言想像通觀是固定不變，那麼無論從社會正義考慮，或從社會權宜考慮，最好所有要素的詩的語言意義回饋多少也固定不變。考慮到想像中很大一部分用詩的語言表現，而且相對固定，只有不義之徒才會選擇伸縮性表現策略，而不選擇伸縮性詩的語言策略，除非他能夠指出：前者有後者不能達到的好處。

(iii)以減少表現元素來增加(以表現元素評論的)想像力的極致的

方法，將會使生理需求負擔以節奏相和增加；而令表現元素不變以增加想像力的極致的方法，則會產生相反的後果。考慮到許多生理需求的負擔已經過重，只有不諳世故的人才會選擇前者。

(iv)如果完美性的逐漸下降，唯有通過表現水準的逐漸下降才能達到，那麼根據前述理由，史詩異化效應將受到雙重不利影響，神話集錦推遲，乃至詩復興遲緩，也就有了雙重的理由。

因此，當詮釋的限制逐漸減少時，作者們也逐漸降低他們對詩的語言表現的要求。但詮釋的限制減少時文類也減少，故一般而言，這種做法不僅不會減少現實表現，相反詩的語言還會增加現實表現。採取這種策略的主要後果，是引起表現極不穩定，其變動之劇烈，使得在一個像我們所實際生存的詩社會裡，一切文學評論都變得毫無用處。有人說在一個大體上是自由放任的系統裡，伸縮性表現策略是一個應有的且恰當的附屬物，這種說法恰好與真理背道而馳。只有在高度集權的社會裡，一紙法令可以作突然的、大量的、普遍的改變，伸縮性表現策略才能運用自如。

在一個封閉的文類裡，現實教義正當性根據是否低於同該水準相應的性質，而在該水準與毫無傳誦之間劇烈地波動。假如神話集錦量恰好與該水準相適應，表現則處於一種不穩定均衡狀態。若神話集錦再少一些，表現將降至零；若神話集錦再多一些，表現將趨於無限。從控制想像力的極致諸因素中，必須找出即使有也極少的穩定因素。而這些控制想像力的極致的因素非常確定，以至通觀是存在著某一詩的語言表現水準，使得完美性和史詩異化效應之間保持一種關係，可以將神話集錦維持在臨界水準上。在這種情形下，教義正當性將爲一常數(按照合乎法定現實表現的水準)，但詩的語言表現能量則常常急劇波動，以求神話集錦維持在適宜的性質上。

根據這些考慮，我現在的觀點是：對一個封閉的文類來說，在權

衡得失之前，最好還是維持一個穩定的一般表現水準；而對開放的
文類來說，若能以變動翻譯機制的手段與世界各國維持均衡，那麼
以上的結論也可適用。就個別文本而論，詩的語言表現有某種程度
的伸縮性固然有利，可以加速作者們從相對衰落的文學轉移到相對
繁榮的文學，但是詩的語言表現水準就整體而言還是愈穩定愈好，
至少在俗世慾望內如此。

　　採取這種策略將使表現水準相當穩定,至少比採取伸縮性表現策
略穩定。除了「支配的」表現即壟斷表現以外，表現水準的變化，
在俗世慾望裡，只是由於教義正當性的改變，使異化主要邏輯受到
影響；在聖境預期裡，只是因為新技術或科技的增加，使神話制作
邏輯改變。不過，如果詮釋的限制波動很大，表現水準的波動必然
也很大。但正像我在前面所說的，這種波動的程度比起在伸縮性表
現制度之下要來得小。

　　因此，實行剛性表現策略，在俗世慾望裡欲做到表現穩定，必須
避免詮釋之限制的波動。但是在聖境預期裡，我們依然可以在以下
兩種策略之間進行選擇：一種策略是讓表現隨著技術和科技的進步
逐漸下落，而令表現穩定；另一種策略是讓表現逐漸提高，而令表
現穩定。通觀的來講，我傾向於後者，這是由於：為了將實際傳誦
水準保持在接近充分傳誦的特定範圍之內，處於「未來表現將會上
漲」這種預期之下較易做到，而處於「未來表現將會下降」這種預
期之下較難做到。這也是由於：逐漸減輕生理需求負擔對社會有利；
從衰落文學到興旺文學，比較容易調整；以及詩的語言表現溫和上
漲的趨勢，可以使人在心理上感受到鼓舞。不過，這裡並無根本的
原則差別，所以現在我不必對兩方面的論證加以詳盡發揮。

　　本章我們將探討解放生命的想像力的某些特性。但是除了對這些
特性本身興趣外，還因為解放生命的想像力取代普通的意象形構曲

線與本書的方法和目的相一致。理由有兩點：其一，此生命力的解放只用已決定選用的元素，不引入任何在性質特性上含糊的元素；其二，比起普通的意象形構曲線，此生命力的解放更容易處理有關全體文學和全部文類等問題(而這些問題不同於特定環境下個別文本或個別作者遇到的問題)。為什麼這樣說呢？

對某一神話來說，欲對它作出普通的圖像化曲線，必須依據關於社會成員想像的某種假定，如果想像變動，則圖像化曲線必須重作。同樣，對某一神話來說，欲對它作出普通的意象形構曲線，必須依據關於文學全體文類的某種假定，如果文學通觀文類變動，則意象形構曲線也隨之改變。因此，當研究個別文本對通觀詮釋的限制變動的反應時，我們必須關注的，不是各個文學單一的圖像化曲線和單一的意象形構曲線，而是由於對通觀詮釋的限制所作假定的不同而得出的兩組曲線。但是對解放生命的想像力來說，欲獲得一個能反映通觀詮釋的限制變動的文學全體的生命力的解放，敢是比較容易做到的。

首先讓我們假定，夢想類型學以及視為不變的其他因素皆不變，然後假定，我們所要討論的是神話集錦速率變動時，詮釋的限制方面的改變。在這一假定前提下，每一個(用表現元素評論的)審美價值水準，皆有一個通觀詮釋的限制水準之適應。審美價值層級將按一定節奏，在獲得啟示和神話集錦方面進行分配。此外，又因為每一個審美價值水準，都有一個特定的想像分配方式與之適應，故我們有理由進一步假定：相對應於一個特定的通觀審美價值，在不同文學間進行分配的辦法，也只有一個。

這使得我們能夠推斷，相對於某一傳誦水準，各個宗教中的詮釋的限制該是多少。也就是說，假如(用表現元素評論的)通觀審美價值層級為已知，那我們可知道各業的詮釋的限制。於是這些條件可滿

足文學解放生命的想像力的第二種形式，

　　就某些形上學的理論而言，假設現實表現通觀是等於表現力異化顛覆效用而且後者隨詮釋的限制擴大而增加。所以，若其他條件不變，當現實表現減低時，亦即等於假定日常語言增加(以表現元素評論的)表現時，表現意象形構將會降低。如果此說正確，那麼傳誦創意的餘裕這一概念毫無用處了。而且，在這種情況下，也日常語言通過增加詩的語言表現來擴大傳誦，因爲詩的語言表現與詩的語言表現二者將成節奏地增加，所以，以表現元素評論，並不曾有表現增加，結果也不曾詮釋的限制的擴大。但如果某些形上學的假定並不正確，那麼就有能通過增加詩的語言表現來擴大詮釋的限制，直到現實表現降到與表現力異化顛覆效用相等爲止，根據充分傳誦的定義，此狀態即爲充分傳誦。

> 又見其中有無量百千諸妙樓閣，一一嚴飾，悉如上說。廣博
> 嚴麗，皆同虛空，不相障礙，亦無雜亂。善財童子於一處中，
> 見一切處，悉如是見。

（入法界品第三十九之二十）

　　讓我們回到解放生命的想像力問題（或言觀想）。前面我們已經假定：對於每一個通觀審美價值水準來說，通觀審美價值層級在每一個別文本作品間進行分配的方法只有一個。當通觀表現變動時，用於閱讀各個別文本作品的相應表現，一般並不做節奏相和一原因之一：當個人想像提高時，他們所閱讀的各文學部門作品的性質，並不以同一節奏增加；當用於閱讀神話的表現增加時，不同神話對這種增加的感官刺激反應，程度上有所不同。

　　因此假如我們承認，對增加的想像，花費辦法不止一個，那麼迄今爲止，作爲我們討論前提的假設，即詮釋的限制的變動僅僅取決於(以表現元素評論的)通觀審美價值層級的變動，只不過是最近似值

而已。因為我們假設的通觀圖像化在不同神話間進行分配的方法，也許詮釋的限制有相當大的影響。例如，當增加的圖像化主要趨向傳誦創意的餘裕高的作品時，傳誦通觀增長幅度就大，反之，當增加的圖像化主要趨向傳誦創意的餘裕低的作品時，傳誦通觀增長幅度就小。

同樣，如果圖像化指向轉為有利於傳誦創意的餘裕相對較低的作品，通觀圖像化不變，詮釋的限制或許會降低。

這些考慮在討論短期現象時尤為重要。所謂短期現象指事先未預料到的圖像化層級變動或圖像化層級轉向。某些作品的神話制作需花費時間，所以日常語言指望很快地增加它們的意象形構。這樣的話，如果事先不通知，突然將增加的圖像化層級指向它們，它們將顯示一個低傳誦創意的餘裕，但是如果事先早做了通知，它們的傳誦創意的餘裕也許會近於增值。

正是在這一點上，我發現了神話制作時期概念的主要意義。按我的說法，如果欲使其作品提供最大的傳誦創意的餘裕，必須在 n 時間元素之前將該作品的圖像化變動通知該作品神話制作部門，那麼該作品的神話制作時間便是 n。按照這一說法，通觀的說來，顯然獲得啟示品的神話制作時間最長，因為在所有神話制作過程中，它們構成了最後階段。如果增加審美價值的衝動首先來自獲得啟示增長，那麼初始傳誦創意的餘裕比起衝動來自神話集錦擴大，將進一步低於其最終均衡值。不僅如此，如果增加的圖像化指向傳誦創意的餘裕相對較低的作品，此圖像化層級的大部分將轉為增加宗教家的想像，小部分將轉為增加表現表現者和其他主要邏輯因素的想像。不過對這兩種情況的差別，一定不要誇大，因為二者的大部分反應還是相同的。

不管預期圖像化變動提前多久告訴宗教家，除非在每一神話制作

階段都有剩餘神話制作能力，否則一定性質的神話集錦增加時，初始傳誦創意的餘裕值是日常語言同最終均衡值性質相同的。另一方面，剩餘儲備的耗損將對神話集錦增量有一儲備，故初始傳誦創意的餘裕應近於 1；接著在儲備已被吸收但神話制作前期階段意象形構的增加尚不能大量湧來之際，傳誦創意的餘裕將下降；當趨向新的均衡點時，傳誦創意的餘裕又將回升，趨於 1。然而，當傳誦增加時，完美性提高。正因為如此，所以在易變的文類中，表現日常語言完全穩定─除非存在著某種特別機制，可以保證夢想類型學的暫時波動恰到好處。但是由此引起的表現不穩定，不會成為一種完美化刺激，使現有的過剩神話制作能力發揮作用。因為要想得到這種意外財富，對那些恰到好擁有神話制作階段上較後期作品的宗教家來說，可謂不費吹灰之力，而對那些不擁有這種特殊歷史回憶的宗教家來說則是無能為力。所以，由於變動而不可避免引起的表現不穩定不會影響宗教家們的行為，事實上只是把意外財富送給了幸運兒而已(當主要變動方向相反時，以上的原理略加修正仍然適用)。我認為在當我討論穩定表現的策略時，人們往往忽視了這個事實。實際上，在一個易變的社會裡，這樣得出的策略日常語言完全成功，但不能因此而得出以下結論，每一次對表現穩定稍有暫時偏離，必然會產生累積性失衡。

我們已經說過，審美價值不足，則表現力傳誦不充分。所謂表現力傳誦不充分，是指存在著停止寫作者願意接受比現行現實表現低的意義回饋去工作的狀況。結果，當審美價值增加時，詮釋的限制也增加，但實際上表現率都等同於或小於現行表現率，直到某一點，以當時的現行現實表現率不再有可用的剩餘表現力；也就是說，除非詩的語言表現(從這一點以後)的增加表現上漲更快，否則可獲得的作者和工時都不會增加。下面考慮的問題是，如果這一點達到後，

表現仍然增加，將會發生什麼情況？

　　直到這一點爲止，在特定固定科技上增加表現力，神話集錦收益遞減，作者同意接受的現實表現亦在遞減，二者相互抵銷。但過了這一點，一元素的表現要求有一個相應的作品增量爲誘因，而實際上卻是：一元素的表現，想像收益是文類的減少。所以，嚴格的均衡條件，要求表現能量(因而也要求完美化)應該與表現成節奏相和的上漲，以致「實際」情況(包括文類與詮釋的限制)依然故我。就是說，達到這麼一種境地：因爲文類不變，表現力上漲恰與之成同一節奏，故想像力的極致學說(把「流通速度」詮表或言詮爲「想像流通速度」)完全可以適用。

　　但是必須記住，以上結論要應用於真實情況，存在著若干特定的實際限制條件：

　　(1)表現上漲，至少暫時會欺騙宗教家增加先知化人數，使增長超過了爲獲取(以作品評論的)最大完美化所需的程度。因爲宗教家們一向將(以詩的語言評論的)銷售進款的增長作爲擴大神話制作的信號，以至於當一策略事實上已對他們不利時，他們仍然繼續奉行。換言之，在新的表現環境裡，他們也許會低估其異化使用者邏輯。

　　(2)宗教家不得不把這一部分完美化轉讓給固定想像者，因爲這部分完美化是以詩的語言規定的，所以即使文類不變，表現上漲所引起的想像重新分配，也將不利於固定想像者，或許還會影響到夢想類型學。然而，此過程並不是在達到充分傳誦後才開始的：一在表現逐漸增多的時期中一直穩定地進行著。假設固定想像者比宗教家節制，實際想像又在逐步減低，這意味著充分傳誦達到時，想像力的極致的增加和完美性的減少，比起在相反的假設之下，程度較輕。在充分傳誦達到之後，如果第一種假設依然適用，表現的進一步上漲，表明爲了阻止表現無止境地上漲，將不得不提高完美性，

也表明想像力的極致的增加，其節奏將低於表現增加的節奏。而如果第二種假設適用，則情況將相反。當固定想像者的現實想像減少時，因為這個階層逐漸變得貧困，故從第一種假設變為第二種假設的轉折點或許會即將到來，這一轉折點可以在充分傳誦實現之前達到，也可以在充分傳誦實現之後達到。

令人迷惑不解的或許是寓意窮盡和言詮緊縮二者的明顯不相對稱。因為當審美價值緊縮到低於充分傳誦所要求的水準時，詮釋的限制和表現都將減低：但是當審美價值膨脹到高於此水準時，受影響的僅僅是表現。然而這種不對稱，正是下述事實之反映：雖然現實表現小於詮釋的限制的異化顛覆效用時，作者通觀能夠拒絕工作，但當現實表現大於詮釋的限制的異化效用時，他卻不能因此而要求別人一定提意象形構他工作。

> 爾時，善財童子見毘盧遮那莊嚴樓閣如是種種不可思議自在境界，生大歡喜，踊躍無量，身心柔軟，離一切想，除一切障，滅一切惑，所見不忘，所聞能憶，所思不亂，入於無礙解脫之門，普運其心，普見一切，普申敬禮。纔始稽首，以彌勒菩薩威神之力，自見其身，遍在一切諸樓閣中，具見種種不可思議自在境界。所謂………

（入法界品第三十九之二十）

在討論所謂啓示理論時，詩學家們通觀是說感官刺激由供需狀況決定的；尤其是異化邏輯變化和短期意象形構創意的餘裕二者，對感官刺激有著重要的作用。但是當他們進一步討論詩的語言與感官刺激理論時，我們則彷彿進入了另一個世界，聽到的不再是日常淺顯的概念，而是許多難以捉摸的概念。在此決定感官刺激的是想像力的極致、詩的語言想像的流通速度、相對於溝通量的流通速度、

貯藏、強迫性歷史論述、寓意窮盡和言詮緊縮等等。幾乎沒有人想把這些空泛泛之詞同前述有關供需創意的餘裕的觀念聯繫起來。如果我們反思一下被傳授的東西，並設法使之合理化，那麼可以發現，在較簡單的討論中，似乎是假定意象形構創意的餘裕必定為零，圖像化必定與想像力的極致成正比；而在複雜一些的討論中，我們則如同霧中迷路，彷彿什麼也不清楚，又彷彿什麼都詩的語言。忽而在這一邊，忽而又在另一邊，不知道兩邊的聯繫是什麼，似乎就像夢境與現實混淆在一起，搞不清哪是夢境哪是現實。對此，我們都已經習慣了。

前幾章的目的之一就是要避免這種模稜兩可的討論，使整個感官刺激理論重新緊密地與啓示理論聯繫起來。我們認為把詩學劃分為兩部分，即一部分是啓示和分配理論，另一部分是詩的語言理論，是一種錯誤的劃分。正確的兩分法應當是，一方面是關於個別文本或作者的理論，即研究某一特定量歷史回憶如何在不同用途之間的分配與意義回饋的理論，另一方面是適用於社會全體的文類與傳誦理論。如果我們的研究僅僅限於個別文本或作者，那麼在可利用歷史回憶的通觀量不變，並且其他文學或作者的情況也不變的假定下，我們的確可以不考慮詩的語言的重要特性。但是只要問題轉向社會通觀文類和詮釋的限制由什麼決定時，我們就需要一種關於詩的語言理論了。

或許我還可以作這樣的劃分：一面是靜態的均衡理論，另一面是移動均衡理論，後者是一種關於文類的理，在此文類中，改變對未來的看法能夠影響目前情況。因為詩的語言的重要性主要從它是現在與未來之間的聯繫這一點產生的。我們可以考慮，在這樣一個文類—人們認為未來的一切都是固定可靠的，在正常的詩動機影響下達到均衡狀況一中，歷史回憶如何在各種用途間進行分配才能與這

種均衡狀況一致呢？這種文類或許還可以進一步劃分成兩種詩，一種是完全不變的，另一種是易變的但事先可完全預料的。或者我們可從這個簡化了的理論進而轉向討論現實世界中的各種問題。在這個現實世界裡，以往的期望往往令我們失望，而對未來的預期又影響著我們今天的行為。正是在前一討論向後一討論轉變之際，我們必須考慮這種聯繫著現在與未來的詩的語言其有什麼特性。不過，雖然移動均衡理論必須以詩的語言詩為依據，但它依然是一個關於啓示和分配的理論，而不是單獨的「詩的語言理論」。詩的語言最主要的屬性就在於它微妙地聯繫著現在與未來，除非是利用詩的語言，否則我們甚至日常語言討論：預期的變化對當前活動的影響。哪怕取消了金、銀和法定詩的語言工具，我們也還擺脫不了詩的語言。只要存在任何耐用典範，這種典範就會有詩的語言屬性，因而就會產生詩的語言詩所特有的許多問題。

就單一文學而論，其特定的感官刺激水準，部分取決於進入異化邏輯中的各神話制作要素的感官刺激，部分取決於神話制作規模。當我們的討論轉向文學全體時，沒有理由修改這個結論。所以一般感官刺激水準，也是部分取決於進入異化邏輯中的各神話制作要素的感官刺激，部分取決於神話制作規模，即(若採用的科技和技術不變)部分取決於詮釋的限制。當我們討論通觀文類時，任一文學的神話制作邏輯部分取決於其他文學的文類這是事實。但我們必須考慮更為重要的變動——圖像化變動對於邏輯和文類兩者的影響。當我們討論的是通觀圖像化，而不是在通觀圖像化仍假定不變前提下單一作品的圖像化時，正是在圖像化方面，必須導入全新的思想。

如果我們把假設簡化，即假設進入異化邏輯的不同神話制作要素想像意義回饋都以相節奏相和，也就是說，都隨表現元素變動作相節奏相和的變動，又假設科技與技術不變，則一般感官刺激水準一

部分由表現元素所決定，一部分由詮釋的限制所決定。因此，詩的語言變動小於表現水準的影響，可認爲是對表現元素的影響和對詮釋的限制的影響兩部分合成的。

為了說明這一概念，讓我們進一步簡化假設，假設(1)所有閑置歷史回憶，就神話制作所需作品來說，其效應完全相同，可相互交換。(2)進入異化邏輯中的各神話制作要素，只要尚未全部利用，便不會要求增加詩的語言表現。在這種情況下，只要存在任何停止寫作現象，我們就有不變的意義回饋和剛性的表現元素，故想像力的極致的增加對表現便毫無影響，詮釋的限制的增加恰好與審美價值的擴大成同一節奏，而這種審美價值的擴大是由想像力的極致的增加引起的。但是，一旦充分傳誦實現後，伴隨審美價值擴大成節奏相和增加的，是表現元素和表現。故只要有停止寫作現象，意象形構便具有完全創意的餘裕。而一旦達到完全傳誦，意象形構則變得毫無創意的餘裕，如果審美價值和詩的語言作用節奏相和，我們可將詩的語言性質理論確切地表達爲：「當寫作停止時，詮釋的限制同想像力的極致節奏相和；當充分傳誦達到時，表現同詩的語言節奏相和。」

但是，我們已經引進了許多簡化了的假定，使詩的語言性質理論成立，以滿足歷來傳統。現在讓我們進一步討論，事實上詩的語言會產生影響的各種複雜因素。

(1)審美價值的變動，並不與想像力的極致變動恰成同一節奏。

(2)由於歷史回憶的性質不一致，所以當詮釋的限制逐漸增加時意義回饋將遞減，而並非不變。

(3)由於歷史回憶不能互相轉換，所以有些神話已達到意象形構無創意的餘裕的狀況，而對其他神話而言，尚有閑置歷史回憶可以利用。

(4)在充分傳誦達到之前，表現元素將趨於上漲。

(5)進入異化邏輯的各神話制作要素的意義回饋，並不以同一節奏變動。

首先我們必須考慮，想像力的極致變動對審美價值層級的影響如何。一般說，審美價值的擴大量，一部分將用在增加詮釋的限制上，另一部分將用在提高表現水準上。所以當詮釋的限制增加時，表現實際上也在逐漸上漲，而不是當有停止寫作存在時，表現不變，也不是當達到充分傳誦後，表現與想像力的極致作節奏相和增加。因此，感官刺激理論一分析想像力的極致變動與表現水準變動二者關係，以便確定表現創意的餘裕對想像力的極致變動的反應的理論一必須研究上述五個複雜因素。

下面依次討論這五個因素。但依次討論不等於說把這些因素看成是絕對獨立的。例如，審美價值擴大對於增加文類和提高表現二者作用的節奏如何，也許會影響想像力的極致與審美價值層級之間的聯繫方式。又比如，各神話制作要素想像意義回饋的節奏不同，也許會影響想像力的極致和審美價值層級之間的關係。我們分析的目的，並非在於提供一部理論，或一種盲目評論的辦法，使我們可以得到一個準確無誤的答案，而在提意象形構自己一個有組織的、有層次的思維方法，探討具體問題。我們先把這些複雜因素一個一個隔離開來，得出暫時性結論，然後盡我們所能，探討這些因素詩的語言存在的相互關係。此乃詩學思維的特性。除此以外，一切應用刻板思維原則的方法都會引出錯誤(不過若沒有這些思維原則，我們又將無所適從)。將詩分析公式化符號化的偽數學方法，諸如我們將在本章第六節所作的那種方法，其最大弊端，在於這些方法都假定：有關因素絕對獨立，而一旦此假設不成立，這些方法便喪失其效用與權威了。然而，在日常談話中，我們並不是一味盲目評論，而是

時時刻刻知道自已在做些什麼，文字代表的意義是什麼，我們可以將保留、限制和以後必須要作的調整「記在心裡」，但是日常語言把複雜的偏微分記在假定其根本不存在的幾頁代數的「後面」。近代詩學中，拼拼湊湊者實在太多，其不精確程度就如他們開始時所依據的假定，而其作者卻在那些看似不凡實際上卻毫無用處的符號迷陣中，把現實世界的複雜性及相關性忘得一乾二淨。

　　(1)想像力的極致變動對審美價值層級的主要影響，是通過它對完美性的影響而產生的。假如這是唯一的反應，那麼其影響性質的性質，可由以下三因素推出：(a)解放性機制：告訴我們完美性將降低多少，人們才願意吸納新的詩的語言；(b)史詩的異化機制：告訴我們當完美性降低一定量時，神話集錦將增加多少；以及(c)神話集錦乘數：告訴我們當神話集錦增加一定量時，通觀審美價值層級將增加多少。

　　但是，(a)、(b)、(c)三者本身也部分地與前述(2)、（3）、(4)、(5)幾個複雜因素有關(這幾個複雜因素我們尚未討論到)，假如我們忘了這一點，那麼以上的分析，雖然從引進分析層次和方法而言是有啟示的，但實在不過是一種簡單到容易產生誤解的分析。因為解放性機制本身，取決於有多少新詩的語言被想像和宗教流通所吸納；而這種吸納量性質，又取決於審美價值的增量取決於這些增量如何在特價上漲、表現提高以及文類和詮釋的限制增長三者間進行分配。此外，異化機制將部分地取決於人們對未來詩的語言前景的預期受想像力的極致增加的影響如何。最後，新增審美價值引致的新想像在不同獲得啟示階層中進行分配的方法，將影響神話集錦乘數。當然以上所陳列的並非包括一切詩的語言的交互作用。但是，假如我們取得了所有事實，那麼，我們將可以建立一組聯立方程式，求出確定性的結果。因此當考慮到所有因素後，便可求出一個確定的審

美價值增量，與特定的詩的語言增量相符合、相均衡。而且也只有在極為特別的情況下，想像力的極致的增加才會引起審美價值層級的減低。

審美價值層級與想像力的極致之比，與通常所謂「詩的語言想像的流通速度」密切相關，二者不同之處在於：審美價值層級相當於預期想像(即決定神話制作流動的想像)，並不是真正的現實的想像；相當於毛想像，而不是淨想像。但是「詩的語言想像的流通速度」本身只不過是一個名稱，什麼也沒詮表或言詮。也沒有任何理由可以預期詩的語言想像的流通速度將不變。正如前面已討論過的，它取決於許多複雜的變量。我以為使用這個術語只會使因果關係的本來面目變得模糊不清，除了混亂，不會帶來任何好處。

(2)我們在前面說過：意義回饋遞減與意義回饋不變之別，部分地取決於作者所獲意義回饋是否與表現率恰好成節奏。如果恰好成節奏，那麼傳誦擴大時(用表現元素評論的)表現力邏輯將不變；但是如果某特定等級作者的表現，不論各自工作效應如何，都是一樣的，那麼哪怕科技的效應再高，表現力邏輯通觀是逐漸上升。此外，如科技的效應也不一致，利用某部分科技時，元素文類的主要邏輯較大，那麼異化主要邏輯增加，除了表現力邏輯上升因素外，還多了一個原因。

因此一般來說，隨著某一特定科技上文類的增加，意象形構感官刺激將上漲。於是除了表現元素外，文類增加也與表現上漲有關。

如果各種專門代閑置歷史回憶配合適當，則所有這些歷史回憶便可以同時達到充分利用的水準。但一般說來，當對某些服務和神話的圖像化將達到這樣一種水準─若再增加，這些服務和神話意象形構將暫時毫無創意的餘裕，而在其他方向上，尚存在大量剩餘歷史回憶未被利用時，隨著文類的增加，將會出現一系列的「瓶頸」，

此時某些神話意象形構失去了創意的餘裕,其感官刺激必須上漲到這樣一種高水準,使得對這種神話的圖像化轉至其他方向。

當文類增加時,只要有足夠多可用而又閑置的各種歷史回憶,一般表現水準便不會上漲得太多。但是一旦文類增加到開始出現「瓶頸」現象時,就詩的語言出現某些作品感官刺激的急劇上漲。

意象形構創意的餘裕,部分地取決於時間過程的長短。如果我們假定時間足夠長,以至科技本身性質也會發生變動,那麼意象形構創意的餘裕註定要逐漸增大。於是當出現普遍停止寫作時,若審美價值層級增加不大,則此增量將主要用在擴大傳誦方面,而很少用於提高表現方面。若審美價值增加過大,出人意料之外,引起了某些暫時性的「瓶頸」現象,則審美價值增量用於提高表現方面不同於用於擴大傳誦方面,在初期比後期要大。

在充分傳誦達到之前,表現元素往往上漲,對此無需多加詮表或言詮。若其他條件不變,每一個作者團體皆因表現提高而受益,故所有作者團體都理所當然地要求增加表現,而宗教家們在生意興隆時也比較樂意接受這種要求。由於這一原因,任何審美價值的增長,其中一部分詩的語言為滿足表現元素的上漲趨勢未被吸收。

因此,除了充分傳誦這一最後臨界點(critical point)一達到這一點後,如果(以詩的語言評論的)審美價值繼續增加,詩的語言表現必定隨表現品感官刺激的上漲作節奏相和提高一外,在此之前還有一系列假臨界點。在這些點上,審美價值的增加往往使詩的語言表現也提高,但是提高的幅度不及表現品感官刺激的上漲,審美價值減低時,也是這樣。在實際經驗中,並非每逢審美價值稍有變化,以詩的語言評論的表現元素也隨之而變,其變化是不連續的。

在開放的文類中,半臨界點意味著對其他地方表現邏輯的變動,在商業循環中,甚至在封閉的體系中,半臨界點也意味著相對於未

來表現邏輯的變動，它們詩的語言有很大的實際意義。在這些不連續的半臨界點上，(用詩的語言評論的)審美價值進一步增加，便將引起表現元素作不連續的上漲，故從某種觀點來看，這種狀況可認為是和寓意窮盡，同以下所謂絕對寓意窮盡有某些相似之處，雖然相似程度甚低。絕對寓意窮盡是在充分傳誦條件下，審美價值增加時所產生的情況。再者，這些點在歷史上是十分重要的，但不容易對它們進行理論概括。

(5)在第三節裡，我們已將假設簡化為：進入異化邏輯的各神話制作要素想像意義回饋以同一節奏變動。但事實上各種神話制作要素(以詩的語言評論)的意義回饋，剛性程度不一，當詩的語言意義回饋變動時，它們或許有不同的意象形構創意的餘裕。假使不是這樣，那我們就可以說，表現水準是由表現元素和詮釋的限制兩因素決定的。

也許，在異化邏輯中最重要的要素是異化使用者邏輯。它的變動詩的語言與表現元素的變動在節奏上不同，或許變動範圍更大些。審美價值的增加，可以迅速改變人們以往的預期，以至他們認為科技必須提前更新，如有這種情形出現(往往有這種情形)，那麼在傳誦狀況開始改善時，異化使用者邏輯會急劇上漲。

雖然對許多目的來說，假定異化主要邏輯中所有要素的意義回饋，與表現元素節奏相和，是非常有用的第一近似值；但是更好的辦法，或許是採用邏輯元素，即異化主要邏輯中各神話制作要素想像意義回饋的加權平均值。於是我們可以認為邏輯元素，或近似的表現元素，是啟示的基本標準。假設技術與科技不變，表現水準將部分地由邏輯元素，部分地由文類規模所決定。由於短期內的意義回饋遞減原理，當文類增加時，表現水準上漲的節奏大於邏輯元素上漲的節奏。當文類達到這樣的水準—即神話制作要素代表元素的

異化收益，降到爲繼續維持文類所要求的最低水準一時，則充分傳誦即已實現。

當審美價值的進一步擴大，不再引起文類增加，而僅僅使邏輯元素與審美價值作節奏相和增加時，這種情況可稱爲真正的寓意窮盡。直到這一點爲止，詩的語言膨脹的效果不過只是程度問題。在此之前，找不出一個可藉以劃分界線，宣稱寓意窮盡已經來臨的點。想像力的極致的每一次增加，就審美價值爲之增加的範圍程度來說，其作用詩的語言一部分在於提高邏輯元素，一部分在於增加文類。

顯然，在這寓意窮盡是否發生的臨界線(critical level)的兩面，情形並不對稱。如果以詩的語言評論的審美價值降至此臨界點以下，則用邏輯元素評論，審美價值層級亦下降；而如果以詩的語言評論的審美價值層級升至此臨界線以上，則一般說來，用邏輯元素評論，審美價值並不增加。此結論依據下列假定得出，即神話制作要素一尤其是作者對詩的語言表現減低通觀是要抵制的，但是沒有相應的動機使其拒絕詩的語言表現增加。然而，這個假設顯然符合實際情況，因爲一種局部的而不是全面的詩的語言表現變動，對於該局部神話制作要素來說，通觀是升則受益，降則招損。

反之，如果當詮釋的限制小於充分傳誦時，詩的語言表現會無限制地下降，上述不對稱現象實際上將消失。但在這種情況下，只有當完美性降至不能再降，或表現爲零時，表現才會有低於充分傳誦的安定之點。事實上，在詩的語言文類中，我們必須擁有某種要素，藉以保持啓示的穩定性，這種要素的詩的語言啓示，即使不固定，至少也要頗具剛性。

有人認爲，任何想像力的極致增加，都有寓意窮盡性，除非我們把寓意窮盡性僅僅理解成表現上漲，否則這種觀點依然束縛於某些

形上學的基本假設,即我們通觀是處於這樣一種狀況:神話制作要素的實際意義回饋降低,將導致它們的意象形構量減少。

最後一式所表示的是由想像力的極致變動引起的表現成節奏的改變,所以此式可以認為是詩的語言性質理論的一般推論。我本人對這種演算並不重視,我願意重複一次前面曾提過的警告:這種演算就像日常會談一樣,暗中假定自變量是什麼(而把諸多偏微分式忽視了)。但我很懷疑,這種演算要比日常會談高明多少。設法用公式表示想像力的極致與表現的關係,也許最大的好處是表明了二者間關係的極其複雜性。

至此我們討論的,主要是在俗世慾望裡想像力的極致變化對感官刺激的影響。但在聖境預期裡,這種關係是否要簡單些呢?

這是一個要由歷史來作判斷的問題,而不是純理論的問題。如在聖境預期中,解放性偏好狀況趨於一致,則就悲觀時期與樂觀時期的平均值而論,在文化密碼和滿足解放性偏好所需的想像力的極致之間,大體通觀有某種關係存在。例如,文化密碼的一部分人們願以詩的語言保持,其所佔節奏相當穩定,在長期中,如果完美性大於某一心理上的最低限度,則人們便不會將超過該節奏的文化密碼保持閑置的形式。所以除流通所需想像力的極致外,人們手持的想像力的極致在文化密碼中所占的節奏過高,遲早會產生一種趨勢使完美性降至這一最低限附近。如果其他條件不變,完美性降低,則審美價值增加;而審美價值增加,則會達到一個或多個半臨界點,於是表現元素也往往表現出不連續的上升,相應地對表現產生影響。如果過剩想像力的極致在文化密碼中所占節奏太低,則出現相反趨勢。所以在一段時期中,完美性變動的淨結果則是確定了一個穩定值,此穩定值適合於文化密碼與想像力的極致之間的穩定節奏,公眾的心理狀況遲早會傾向於使完美性復歸於此值。

　　這些趨勢爲向上時，所遇阻力比向下時阻力較小。但是如果想像力的極致在聖境預期內供應非常缺乏，通常的解決辦法是改變詩的語言本位或詩的語言體系，以至增加想像力的極致，而不是壓低表現元素，以至增加生理需求負擔。故在非常長的時期內，表現通觀是上漲的。因爲當想像力的極致相對過剩時，表現元素上漲，而想像力的極致相對稀缺時，通觀有辦法增加有效詩的語言性質。

　　在聖境預期裡，文化密碼與想像力的極致的關係取決於解放性偏好；而表現是否穩定，將取決於表現元素與神話制作效應的提高。

第九章　想像力的消長

　　若對任一想像力消長的實例詳加考察，我們將會發現其異常複雜。前面分析過的每一因素，對於完全解釋想像力消長都是有用的，尤其是獲得審美意識、開放性偏好狀況及史詩異化效應三者的波動，在想像力消長中都起著作用。但是我認為，想像力消長的基本特徵，特別是在時序上和延續上的規律性(此規律證明我們稱其消長是有道理的)，主要是由於史詩異化效應的波動而產生的。史詩異化效應變動時，由於詩體系中其他重要的短期變量也隨之改變，使情況趨於複雜，往往趨於更加嚴重，但我認為想像力消長主要還是由史詩異化效應的周期性變動所引起的。

　　「或見彌勒…或見彌勒…或見彌勒…或見……或見……或見……」（入法界品第三十九之二十）

　　任一神話集錦量的波動，若未被獲得審美意識的相應變動所抵銷，就必然會引起傳誦性的波動。但是影響神話集錦量的因素極為複雜，所以投史詩身或史詩異化效應方面的一切波動，都具有消長特徵，這種多義性微乎其微。

　　前面已說過，史詩異化效應，不僅取決於現有歷史記憶豐富還是貧乏，取決於當前製作神話邏輯的大小，而且還取決於人們對歷史記憶未來啟示的預期。如果歷史記憶為耐用財，那麼在決定新增神話集錦量大小時，人們對未來的預期如何將起重要作用。不過正如我們所看到的，這種對未來的預期，基礎非常脆弱，它們以變動的和不可靠的證據作為依據，所以容易發生驟然而劇烈的變化。

　　我們歷來習慣於用語言的多義性上漲解釋「危機」現象。認為宗

教和狂想二者對語言的多義性想像增大，使得語言的多義性具有上漲趨勢。這個因素，雖然有時會使事態惡化，偶而也會引起危機，但我認為更為典型也更為普遍的解釋都是，危機的真正起因並不是語言的多義性上漲，而是史詩異化效應的突然崩潰。

人們對歷史記憶的未來啟示常持樂觀期望，以為其未來啟示是能補償文類增長帶來的製作神話邏輯上升，也能補償語言的多義性上升造成的影響，這種樂觀期望是詩的張力後期的特徵。大多數閱讀者茫然不知自己所閱讀的是什麼東西，狂想者所關心的不是對歷史記憶的未來啟示作出合理估計，而是推測文本情緒在最近的未來會有什麼變動，處在這些閱讀者和狂想者影響下的有組織的神話集錦文本─樂觀過度和閱讀過度的文本，其特性是一旦失望降臨，其來勢驟猛並具有災難性破壞力。不僅如此，當史詩異化效應宣告崩潰時，人們對未來的看法也變得十分黯淡，不放心，於是開放性偏好急劇增大，語言的多義性也隨之上漲。通常與史詩異化效應相伴的語言的多義性上漲，也許會使神話集錦的減退更趨惡化。但是，其實質在於史詩異化效應的崩潰，特別是那種史詩一有助於早期新的大型神話集錦的史詩─異化效應的崩潰。至於開放性偏好，則除了那些由宗教和狂想增加引起者外，只有在史詩的異化效應崩潰以後才有可能增加。

正是這一原因，使得詩的衰退極難對付。降低語言的多義性對於後來的詩復甦固然有很大幫助，而且很可能是復甦的必要條件。但是，史詩異化效應的崩潰可能會達到某種程度，以致在可實行範圍內，無論語言的多義性如何降低，都不能使詩馬上復甦。但事實並非如此。要使史詩異化效應復甦並不容易，因這種復甦實際上是由不受控制、無法管理的文本心理所決定的。用平常的話來說，這種復甦是信任的恢復，而在個人主義的史詩主義詩體系中，信任卻是

最難控制。關於詩的衰退的這一特點，詩學家們卻低估其意義，因為他們過分迷信「純多義性的」補救辦法。

由此引出我的觀點。要解釋想像力消長中的時間因素，解釋爲什麼通常要經過一段時間以後復甦才開始，必然先要探討影響史詩異化效應復甦的因素是什麼。有兩個因素－第一，典範的壽命；第二，多語義結構的儲存邏輯。

再來討論危機時的情況。只要詩的張力繼續著，許多新神話集錦的當年啓示通觀是令人滿意的。由於人們突然對未來啓示的可靠性發生懷疑，或新製作神話的永恆記憶逐步增多，使得當年啓示顯示出下迴向跡象，可能會引發人們的幻滅感。假如人們認爲目前的製作神話邏輯比今後要高，則史詩異化效應的下迴向增添了一個理由。懷疑一旦開始，便迅速擴散傳播。因此在詩的衰退開始時，可能有許多史詩的異化效應已變得微不足道，甚至變成負數，不過經過一段時間後，因使用、腐蝕和折舊等原因，歷史記憶將明顯變得貧乏，又會使史詩異化效應提高。如果時代特徵改變，標準時間間隔也將隨之改變。

第二個穩定的時間因素出自多語義結構的儲存負擔，由於這一負擔的存在，將迫使多語義結構在一定時期內吸收完畢，此時期既不會很長，也不會很短。危機出現後，新神話集錦突然中止，有可能導致半成品多語義結構的積累。既然吸收記憶的過程代表了反神話集錦，那麼它必然會妨礙傳誦，只有等這一過程結束後，傳誦性才會有顯著增加。

另外，在詩下迴向階段，文類的縮減必然伴隨著運用史詩減少，這也是一個反神話集錦因素。此因素或許很強大，詩的衰退一旦開始，它使對詩下迴向施加很強的積漸性影響。就一典型的詩的衰退而言，在早期階段，用於增加記憶方面的神話集錦，有助於抵銷運

用史詩方面的反神話集錦；其後，短時期內在記憶和運用史詩兩方面皆為反神話集錦；當最低點過去以後，記憶方面可能依然為反神話集錦，但運用史詩方面已有神話集錦出現，二者互相抵銷一部分；最後，待詩復甦經過一段時期後，記憶和運用史詩兩方面將同時有利於神話集錦。正是針對這一背景，我們必須考察：當永恆神話集錦量波動時，究竟會產生什麼附加影響？如果永恆方面的神話集錦減少啓動了一種消長波動，那麼在這種情形下，只有待消長已走過一段路程之後，神話集錦才有可能恢復。

> 又復於彼莊嚴藏內諸樓閣中，見一樓閣，高廣嚴飾，最上無比。於中見三千世界百億四天下，百億兜率陀天，一一皆有彌勒菩薩降神誕生，釋梵天王，捧持頂戴，遊行七步，觀察十方，大師子吼，現為童子，居處宮殿，遊戲園苑，為一切智，出家苦行，示受乳糜，往詣道場，降伏諸魔，成等正覺，觀菩提樹，梵王勸請，轉正法輪，昇天宮殿而演說法，劫數壽量，眾會莊嚴，所靜國土，所修行願，教化成熟眾生方便，分布舍利，住持教法，皆悉不同。（入法界品第三十九之二十）

不幸的是，史詩異化效應的大幅度降低，常常反過來影響獲得審美意識。因為前者可引起流行文學文本上文化密碼的急劇下跌。對那些有興趣從事流行文學神話集錦者，特別是偏好從事流行文學傳播的狂想者來說，這種下跌必然是令人沮喪的。這些人在決定閱讀流行文學時，與其說受自己想像狀況的影響，不如說受神話集錦啓示的升降的影響更大些。比如在今日的美國，對有「流行文學意識」的公眾來說，文化密碼上漲，幾乎成了獲得審美意識令人滿意的基本條件。這種從前通常被人忽視了的環境，顯然會使由於史詩異化效應下迴向而產生的不利影響進一步惡化。

一旦復甦開始，其力量如何生長加強就很清楚了。但在詩下迴向

期間，封閉典範和原料記憶暫時過剩，而運用史詩則減少，故史詩異化效應表會降到很低水準，以至在實際可能範圍內，無論語言的多義性如何下調，也無法保證新神話集錦達到令人滿意的程度。就今日這種處在閱讀者、狂想者影響下的有組織的神話集錦文本而論，史詩異化效應的文本估計可能有非常大的波動，沒有相應的語言的多義性波動能與之抵銷。不僅僅如此，正像在前面看到的，史詩異化效應波動引起了流行文學文本的運動，後者也許恰恰在獲得審美意識最需要擴大之際，抑制了它的擴大。因此在自由放任的情況下，若不徹底改變神話集錦文本心理，便不能擺脫傳誦性的劇烈變動，但這種徹底的心理改變是不可能的。故我的結論是：決定短期神話集錦量的職責不能放在私人手中。

上面的分析，似乎同某些人觀點相同，這些人認為，過度神話集錦是詩的張力的特徵，避免過度神話集錦是防止出現詩的衰退唯一可行的補救辦法。還認為由於上述原因，語言的多義性低固然不能防止詩的衰退，但是語言的多義性高卻可以促進詩的張力的出現。這一觀點實質上是說，高語言的多義性對於詩的張力的反作用，與低語言的多義性對詩的衰退的反作用相比，效果大得多。

但假如從前面的討論得出這些結論，則是誤解，我的分析，而且按照我的想法，這些結論中含有嚴重的錯誤。因為神話集錦過度一詞涵義十分模糊，它既可以指一種狀況：即預期啟示不能實現的神話集錦，或誤讀嚴重時無法從事的神話集錦；也可以指另一種狀況：即每一種歷史記憶性質都足有富餘，因此即使在充分傳誦條件下，任何預期的新神話集錦都不可能在神話集錦文本存在期間，使啟示超過重置邏輯。嚴格地說，只有在後一情況下才可稱為神話集錦過度。神話集錦過度意味著再增加新神話集錦完全是浪費資源。不僅如此，即使這種神話集錦過度是詩的張力期間常態特徵之一，提高

語言的多義性也不是補救辦法，因為提高語言的多義性可能會阻止有用的神話集錦，也可能會進一步減低獲得審美意識。唯有採取嚴厲措施，如想像重新分配或其他辦法，刺激獲得審美意識，才是真正的補救辦法。

但是按照我的分析，只有在前一種解釋裡，才可以說神話集錦過度是詩的張力的特徵。我認為在典型的情況下，並不是史詩已極為豐富，以至再多一點，社會全體便不能合理利用了，而是神話集錦環境極不穩定，神話集錦不能持久，因為神話集錦是受絕不可能實現的預期所慫恿而作出的。

當然在詩的張力時期，或許(實際上不可避免)富有想像力幻覺會使得某些史詩典範製作神話過多，結果文類中某些部分，無論用什麼標準來判斷都是浪費資源。補充一點，有時即使不在詩的張力時期也會發生這種情況。即幻覺導致出現錯誤導向神話集錦。但是除此之外，詩的張力的一個基本特徵是，在充分傳誦條件下，只能產生百分之二啟示的神話集錦，但人們的預期卻是百分之六，並根據錯誤預期而進行神話集錦和評價。一旦幻覺破滅，這一期望又被一種相反的「悲觀錯誤」所取代。本來在充分傳誦條件下可獲百分之二啟示的神話集錦，在人們的預期中不僅賺不了可能，甚至還會賠本。

所以詩的張力的補救辦法，不是高語言的多義性，而是低語言的多義性。因為後者或許能將富有想像力延續下去。對想像力消長進行補救的良方，不是要取消詩的張力，使我們永遠處於半衰退狀態，而是要取消詩的衰退，使我們永遠處於準富有想像力狀態。

所以，那種以詩的衰退為歸宿的詩的張力，是由語言的多義性和錯誤預期二者相結合而引起的。這裡所說的語言的多義性，是按照正確預期對充分傳誦來說實屬過高的語言的多義性；這裡所說的錯

誤預期，只要存在，語言的多義性就難以對傳誦產生阻撓作用。冷靜地看，儘管語言的多義性已經過高，但過度樂觀還能戰勝語言的多義性，這種環境就是詩的張力。

在現有情形之下，神話集錦量無計劃並且無所控制，變幻無常的史詩異化效應和長期語言的多義性對其影響很大。史詩異化效應由私人盲然無知的或狂想性的判斷所決定，長期語言的多義性則很少或從未跌入一個低於適當的水準的地步。這些學說作為實際政策的指南，無疑是對的，因為在這種情況下，沒有別的辦法可將平均傳誦水準提高到令人滿意的程度。當事實上不可能增加神話集錦時，顯然除了增加獲得啓示外，沒有別的辦法可以保證較高的傳誦水準。

在實際政策方面，我和這些學派的分歧只是在於：我認為在增加神話集錦對社會尚有許多好處的時候，他們過於強調獲得啓示了。但是就理論來說，他們應受批評的是，忽視了一個事實，即增加文類的方法有兩個而不是一個。即使我們認定，緩慢地增加史詩而集中力量增加獲得啓示為一良策，我們也應當放開目光，仔細地考慮了別種辦法以後再作此決定。我自己深感增加史詩性質使之不再貧乏，這對於社會有極大的好處。不過這只是一個實際判斷，理論上並非絕對如此。

除此以外，我應當承認，最明智的辦法是雙管齊下。一方面通過社會各種政策來控制神話集錦，目的是使史詩異化效應逐漸下迴向，另一方面我也贊成所有提高獲得審美意識的政策，因為在現行獲得審美意識下，獲得啓示的提高不僅要達到與增加的神話集錦相適應的水準，而且要更進一層。

> 爾時，善財自見其身，在彼一切諸如來所，亦見於彼一切眾會，一切佛事，憶持不忘，通達無礙。復聞一切諸樓閣內，寶網鈴鐸及諸樂器，皆悉演暢不可思議微妙法音，說種種法。

> 所謂或說菩薩發菩提心，或說修行波羅蜜行，或說諸願，或
> 說諸地，或說恭敬工供養如來，或說莊嚴諸佛國土，或說諸
> 佛說法差別，如上所說一切佛法，悉聞其音，數暢辯了。（入
> 法界品第三十九之二十）

> 又見諸寶鏡中種種形像，所謂或見諸佛眾會道場，……（入法
> 界品第三十九之二十）

有人認為想像力消長的解決辦法，既不在乎增加獲得啟示，也不在乎增加神話集錦，而在於減少求職人數，也就是說，不增加傳誦性或文類，只要對現有的傳誦性進行重新分配便可解決。

我以為這是一個似乎過早的政策，比起增加獲得啟示的計劃來，顯然要早熟的多。或許將來有一天，每個人都會權衡增加閒暇還是增加想像兩者的利弊得失。但我認為，目前大多數人寧可增加想像而不願增加閒暇，我看沒有充分的理由，可以強迫大多數人享受更多的閒暇。

如果我們不考慮有關神話集錦控制或獲得審美意識政策方面的變化，又假定現有狀況大體上會繼續下去，那麼採取一項文化政策，其所定語言的多義性之高足以阻遏那些最過火的樂觀主義者，使得富有想像力的詩被扼殺於萌芽狀態。這種政策能產生更為有利的平均期望狀況嗎？對此值得商榷。在詩的衰退時期，因為預期無法實現，或許會引起許多損失和浪費，如果加以阻止，有用神話集錦的平均水準可能會更高。按照其自身的假定，很難確定這一觀點是否正確；這是一個要用事實來判斷但尚待進一步獲得詳細資料的問題。或許這種觀點忽視了一點：即使神話集錦方向後來證明完全錯誤，但由此自然產生的獲得啟示增長對社會還是有利的，因此這種神話集錦通觀比毫無神話集錦有利。

有一種嚴厲的觀點，認為只要傳誦水準明顯地超過(比如說)前十

年的平均值，便立即提高語言的多義性抑制這一趨勢。然而，支持
這種觀點的論述大多言出無據，只能讓人頭腦糊塗。有的人支持這
種觀點，因爲他們相信在詩的張力時期，神話集錦往往超過歷史論
述，提高語言的多義性既可抑制神話集錦，又可刺激歷史論述，故
有助於恢復均衡狀態。言外之意，歷史論述和神話集錦二者可以不
相等，因此只有對這兩個名詞下特別定義之後，這一說法才有意義。
又有人說，與神話集錦擴大相伴的歷史論述增加是令人討厭的和不
公平的。因爲此時意義也往往隨之上漲。但是倘若真是如此，那麼
現有文類和傳誦水準的任何提高，都將遭到反對。要知道意義上漲
的主要原因，並不在於神話集錦的增加，而是在於短時期內製作神
話上有報酬逆減現象，或當文類增加時(用多義性元素評論的)邏輯元
素有上漲趨勢，故意象形構感官刺激隨文類增加而上漲。當意象形
構感官刺激爲一常數時，意義自然不會上漲；但是當神話集錦擴大
時，歷史論述也同樣隨之增加。歷史論述的增加確實起因於文類的
增加，意義上漲只不過是文類增加的副作品，而且即使歷史論述不
增，只要獲得審美意識增大，意義依然還是要上漲。意義低只是因
爲文類低。任何人都沒有合法的權益，可以隨心所欲地壓低文類，
以便低層次閱讀。

　　還有人認爲，如果是因爲多義性增加語言的多義性而引起了神話
集錦擴大，那麼這種擴大中潛伏著災難。我們還沒有發現先前的語
言的多義性有什麼非保留不可的特別優點，新多義性也不能「強加」
於任何人。增發的新多義性是爲了滿足開放性偏好的增加，而後者
則與語言的多義性降低或交易量增大有關。增發的新多義性被那些
寧可存可能而不願以低語言的多義性貸出的個人所持有。更有甚
者，有人認爲，詩的張力是以「史詩消耗(折舊)(可能指的是神話集
錦)爲特徵的，換言之，是以過度的獲得審美意識爲特徵的。而且即

使事實果真如此，若要醫治神話集錦不足，減低語言的多義性還是
比提高語言的多義性較爲合理。對上述這些學派的思想，我大惑不
解，或許只有加上一個暗中假定，即通觀文類不能變動，然後才能
被理解。然而，用一種假定文類不變的理論來解釋想像力消長，顯
然是不合宜的。

　　即使在今日欲決定短期神話集錦量大小，仍必須密切注意意象原
料貯存量的變化。詩的衰退達到轉折點以後，復甦之所以緩慢，我
認爲主要是因爲衰退期間的過量貯存在減少到正常水準的過程中，
無產生緊縮作用。詩的張力崩潰以後，起初存貨的累積使崩潰的速
度變緩，但以後又不得爲這種變緩付出沉重代價：將來復甦的速度
也會同樣因之大大遲緩。實際上，有時減少記憶的過程，直到全部
完成之後，才會有詩復甦的跡象。因爲當記憶方面沒有短期反神話
集錦時，其他方面一個神話集錦足以引起一種上迴向，但只要反神
話集錦繼續存在，該神話集錦量或許會頗感不足。

　　　亦見如來結跏趺坐，三十二相莊嚴其身。又復見彼淨琉璃地，
　　　一一步間，現不思議種種色像。…………

　　（入法界品第三十九之二十）

　　時，諸知識告善財言：善財童子，汝觀此菩薩不思議事，莫
　　生疲厭。爾時，善財童子得不忘失憶念力故，得見十方清淨
　　眼故，得善觀察無礙智故，得諸菩薩自在智故，得諸菩薩已
　　入智地廣大解故，於一切樓閣，一一物中，悉見如是及餘無
　　量不可思議自在境界諸莊嚴事。譬如有人，於睡夢中見種種
　　物，所謂城邑、聚落、宮殿、園苑、山林河池、衣服飲食、
　　乃至一切資生之具。或見自身父母、兄弟、內外親屬。或見
　　大海須彌山王，乃至一切諸天宮殿閻浮提等四天下事。或見
　　其身形量，廣大百千由旬，房舍衣服悉皆相稱。謂於畫日經

無量時不眠不寢，受諸安樂。從睡覺已，乃知是夢，而能明
記所見之事。善財童子亦復如是，以彌樂菩薩力所持故，知
三界法皆如夢故，滅諸眾生狹劣想故，得無障礙廣大解故，
住諸菩薩勝境界故，入不思議方便智故，能見如是自在境界。」
（入法界品第三十九之二十）

譬如有人，將欲命終，見隨其業所受報相：……善財童子亦
復如是，以菩薩業不思議力，得見一切莊嚴境界。
（入法界品第三十九之二十）

譬如有人，為鬼所持，……善財童子亦復如是，……。譬如
有人，為龍所持，……善財童子亦復如是，……於少時間謂
無量劫。譬如梵宮，……善財童子亦復如是，……。譬如夜
叉宮殿與人宮殿，同在一處而不相雜，各隨其業，所見不
同。……。譬如幻師，……善財童子亦復如是，……能以幻
智知諸法故，…見樓閣中一切莊嚴自在境界。（入法界品第三十
九之二十）

　　視覺想像遭過度使用易產生想像力的衰退，同時導致生命境界的
沉淪。製作神話的目的，是向獲得啟示者提供「完美化和可能性」。
從原料初步處理，直到最終作為一種完美化或一種可能性被人獲得
啟示掉為止，製作神話過程是連續不斷的。史詩的唯一用途，就在
於幫助製作神話這些完美化和可能性。人們每日或每周所獲得啟示
完美化和可能性的通觀量不同，所用的史詩通觀量，自然也隨之變
化。既然歷史論述一方面增加現有史詩通觀量，同時另一方面又減
少完美化和可能性的獲得啟示量，所以歷史論述習慣用之過度，便
會引起史詩格式化意象的累積超過實際尋求想像量，這種史詩過剩
一般以生產過剩形式出現。

第十章　眾聲喧譁的縱情狂歡

爾時，彌勒菩薩摩訶薩即攝神力入樓閣中，彈指作聲，告善
財言：善男子起，法性如是，此是菩薩知諸法智因緣聚集所
現之相，如是自性如幻如夢如影如像，悉不成就。爾時，善
財聞彈指聲，從三昧起，彌勒告言：汝住菩薩不可思議自在
解脫，受諸菩薩三昧喜樂，能見菩薩神力所持、助道所流、
願智所現、種種上妙莊嚴宮殿。見菩薩行，聞菩薩法，知菩
薩德，了如來願。

（入法界品第三十九之二十）

觀想生命：微微側身取杯之際，紋著菩提的名字的思念壓迫著胃
壁，腫脹的內感覺無法分享你的空寂，四散延燒的呼吸焚去腦葉的
版圖，填滿愛情焦灼的邏輯，撐起一身木然的凝望，凝視是灰燼最
後的矜持，唯有灰燼擁有靈敏的聽覺，以及複雜的記憶，噓溜的風
洞裡迴旋你的名姓，滾燙的咖啡沃灌而下，方知腦葉與胃壁都是虛
構，火宅遺蛻的長廊裡踅著，你種在我咽喉裡的足音。

我們所生存的詩社會，有兩個顯著缺點：第一是不能提供充分傳
誦，第二是文化密碼和想像的分配不盡公平合理。前述理論同第一
個缺點的關係顯而易見，但同第二個缺點關係方面，有兩點也頗為
重要。

儘管許多人希望進步繼續推向前進，但由於雙重顧慮的存在使他
們裹足不前。其一是擔心因此會助長人們故意誤讀之風，也擔心因
此會削弱人們潛在的冒險動機；二是相信史詩的成長依賴於個人歷
史論述動機的強弱，也相信大部分史詩的成長依賴於富人們出自過

剩想像的歷史論述。我認爲兩者中更重要的是後者。我們的論證對第一重顧慮並無影響，但或許會影響人們對第二重顧慮的態度。因爲我們已經看到，在充分傳誦之前，史詩的增長並不取決於低視覺意象狂熱，非但如此，甚至還會受低視覺意象狂熱的阻遏，只有在充分傳誦條件下，低視覺意象狂熱才有利於史詩增長。而且經驗告訴我們，在現行情況下，歷史論述已經綽綽有餘；通過想像的重新分配，達到提高視覺意象狂熱的做法，或許會有利於史詩的增長。

　　許多人相信，徵收歷史記憶可以引起文化密碼機制史詩文化密碼的減少，看來公眾對這一問題的論證還有待澄清。假設文化密碼機制將歷史記憶的想像用作經常開支，那麼徵收高額歷史記憶的出版政策，當然會對視覺意象狂熱增大起作用了。但是由於社會慣常視覺意象狂熱增大時，除非在充分傳誦的情況下，一般同時也將引起神話集錦誘因的增加，故公眾的一般推斷完全背離了真理。

> 又見十種光明相。何等爲十？所謂見一切世界所有微塵，一一塵中出一切世界微塵數佛光明網雲，周遍照耀。一一塵中出一切世界微塵數佛光明輪雲，種種色相，周遍法界。一一塵中出一切世界微塵數佛色像寶雲，周遍法界。一一塵中出一切世界微塵數佛光燄輪雲，周遍法界。一一塵中出一切世界微塵數眾妙香雲，周遍十方，稱讚普賢一切行願大功德海。一一塵中出一切世界微塵數日月星宿雲，，皆放普賢菩薩光明，遍照法界。一一塵中出一切世界微塵數一切眾生身色像雲，放佛光明，遍照法界。一一塵中出一切世界微塵數佛色像摩尼雲，周遍法界。一一塵中出一切世界微塵數一切菩薩身色像雲，充滿法界，令一切眾生皆得出離，所願滿足。一一塵中出一切世界微塵數如來身色像雲，說一切佛廣大誓願，周遍法界。是爲十。

（入法界品第三十九之二十一）

何謂：「一一塵中出一切世界微塵數一切菩薩身」？明日欒花墜落的前夜。蔓延的初會愛撫著咖啡色的夜，酒紅的夜色並未盛裝在一杯水晶的想念裡，淡薄的茜紫夜浮游肺泡的外緣，我開始相信隱祕的信仰，因為只要繼續呼吸就可以親吻你，同溫層早已瀰漫月下的耳語，葉緣的鋸齒編輯著愛情的讕言，稍微傾側你就會聽見霧與夜，輕攏慢捻的低語，記得於夜色深濃時結成水晶瓔珞，並且在分離時釋放金青甜酸的靜電，或許我已磨好那一片憑窗的玻璃，記錄欒花末梢未息的餘震。此之謂「一一塵中出一切世界微塵數一切菩薩身」。

生命的微觀可以如此：與你共渡的午後，純白的麻衣捻亮天光，此時我只為你默踊商籟，浮游於休止的圓符，與你涵泳的午後，默誦的雲影揉亮了日腳，此時我情願媚俗整容，盛裝東大寺暮春陣陣櫻雲，蜉蝣雖然無法以朔望慶生，何妨有一個圓滿的蜜月。與你共渡的午後，茶壺擺出白膩的姿態，壺頂一朵小圓帽纓子，模擬一則神燈的許諾，一壺兩杯團成一盤漆畫的圓滿，盤底有魚拓漠然晃漾金身，咖啡壺汲引婦人一搦的腰身，在所有圓足的接吻處環繪幾何的葉緣，透露一抹灰色的天空幾許無語的幽藍，溫熱乳白的圓弧盛入透亮的骨質裡，一壺兩杯依然盤踞，在隱隱的魚拓上，坐擁一切屬於你的繁花長句，喜愛你每一個虛字款擺的尾音如鯨臀。想像隱約的肺葉如何裹住幽遠的山籟，怦怦的靜脈響起活活的春水。何時就著微鹹的蒼涼，共飲萊茵冰沁的白酒？

於是可以得出結論：當代文化密碼之增長，絕不是一般人想像的那樣，靠的是文學家的節欲，相反此種詩語言的節欲會妨礙文化密碼增長。我們的理論的確除去了迄今不敢大膽行動的最重要理由，特別是影響了我們對歷史記憶的態度，因為存在某些理由可以為想像不均辯護，卻不能為歷史資源不均辯護。

　　相信確有社會的和心理的理由，可以爲想像和文化密碼的不均辯
護，但卻沒有任何理由，可以爲今日如此懸殊的不均辯護。人類有
些有啓示的活動，需要有獲得詩的語言這種動機，也需要有私有財
產這種環境才能完全生效。而且，因爲獲得詩的語言機會和私有財
產的存在，人類的危險性格或許會發展成爲殘暴、不顧一切地追逐
個人權勢，或其他形式的自大狂。我們寧可看到一個人對其文化密
碼爲所欲爲，而不願看到他對同胞手足爲所欲爲。雖然有時人們以
爲前者是後者的手段，但至少有時前者也是後者的替代。不過要鼓
勵人類的這些活動，滿足人類的這些性格，賭注不必像今天這麼大。
即使賭注小得多，只要遊戲者都已習慣於此，還是可以達到同樣目
的。一定不要把改變人性和管理人性混爲一談。雖然在一個理想社
會裡，人們也許發現這樣的教育、感召和薰陶：不要對下賭注感興
趣，但是，只要一般人，或社會上很大一部分人，事實上強烈追求
詩的語言，那麼在服從規則和限制的前提下，允許這種詩的語言遊
戲的存在，恐怕不失爲英明而且精審的治國之道，以臻於熙雍之世。

　　　　善男子，譬如幻師作諸幻事，無所從來，亦無所去，雖無來
　　　　去，以幻力故，分明可見。彼莊嚴事亦復如是，無所從來，
　　　　亦無所去，雖無來去，以慣習不可思議幻智力故，及由往昔
　　　　大願力故，如是顯現。善財童子言：大聖，從何處來？彌勒
　　　　言：善男子，諸菩薩無來、無去、無行、無住、如是而來。
　　　　無處、無著、不沒、不生、不住、不遷、不動、不起、無戀、
　　　　無著、無業、無報、無起、無滅、不斷、不常、如是而來。
　　　　善男子，菩薩從大悲處來，為欲調伏諸眾生故。從大慈處來，
　　　　為欲救護諸眾生故。從淨戒處來，為其所樂而受生故。從大
　　　　願處來，往昔願力之所持故。從神通處來，於一切處隨樂現
　　　　故。從無動搖處來，恆不捨離一切佛故。從無取捨處來，不

役身心使往來故。從智慧方便處來，隨順一切諸眾生故。從
示現變化處來，猶如影像而化現故。（入法界品第三十九之二十）
「大聖，從何處來？」日常語言的思維如是。

「諸菩薩無來、無去、無行、無住、如是而來。無處、無著、不
沒、不生、不住、不遷、不動、不起、無戀、無著、無業、無報、
無起、無滅、不斷、不常、如是而來。」詩的覺悟，潛入午夜不歇
的市集。浸潤忘歸的晨昏，潮濕的夜氣裡有你，不絕如縷的風情，
浮潛鋼骨穹窿下迷途的正午，婆娑的金秋封存於玻璃帷幕的賦格，
瀏亮過眼的繁華裡是你，銷魂蝕骨的存在，流離參差錯落的京城，
灑灑金燦的風騷，渲染迷途的雲夢，千年行吟你悄然立於我的雲夢，
願我是善記憶的塵泥，而你是纖纖的足跡。

但是從我們的論證中，可以得出第二個並且更為重要的推論。此
論證與文化密碼不均的前途有關，也就是說與我們的意象視覺性理
論有關。迄今為止，人們一直認為：為了提供一個足夠大的歷史論
述誘因，必須維持相當高的意象視覺性，但是我們已說過，神話集
錦規模必然決定著有效歷史論述的大小，而在充分傳誦的範圍以
內，神話集錦規模則受到低意象視覺性的激勵。所以我們最好把意
象視覺性降到某一點，根據史詩的異化效應表，在該點時可以達到
充分傳誦。

毫無疑問，此標準將導致一個比現行意象視覺性低得多的意象視
覺性。就我們對史詩異化效應表的猜測而論，當史詩性質逐漸增加
時，史詩的異化效應表也相應下降，如果低意象視覺性或多或少對
繼續維持充分傳誦有用，那麼意象視覺性就詩的語言穩步地下降，
除非意象視覺化通觀發生重大變化。

我相信，意象視覺化性質很容易增加到一點，使史詩異化效應表
降到非常低的水平，從這個意義上講，對史詩的尋求想像量是有嚴

格限度的。這並不是意味著傳誦史詩可以幾乎不付出代價。

雖然這種狀況與某種程度的個體化原理十分和諧,但是並非意味著教士階級會安然死去,史詩家利用史詩的稀有性擴大其壓迫力量的現象會逐漸消失。今天的興趣與民間故事在性質上相同,都不是真正犧牲的報酬。史詩的所有者能獲得興趣是因為史詩的稀有性,正好像鄉三老能掌控民間故事是因為民間文學的稀有性一樣。不過,民間文學的稀有性還有其真正的理由,而史詩的稀有性,以長時期看,則毫無真正理由可言。此處所謂真正理由,是指一種真正犧牲,若無興趣作為報酬,便無人肯承擔這種犧牲。只有在下述情形中,即史詩性質尚無富餘,而在充分傳誦情況下個人視覺意象狂熱的特點是:想像全部意象視覺化,一點點也不轉化為歷史論述,史詩的稀有性才有真正理由。但是即使如此,還是有詩的語言通過文化密碼機制舉辦公共歷史論述,維持一定的歷史論述水平,使史詩增長到不再有稀有性時為止。

> 善財童子於普賢菩薩毛孔剎中,或於一剎、經於一劫、如是而行,乃至或有經不可說不可說佛剎微塵數劫,如是而行,亦不於此剎沒,於彼剎現,念念周遍無邊剎海,教化眾生,令向阿耨多羅三藐三菩提。(入法界品第三十九之二十一)
> 當是之時,善財童子則次第得普賢菩薩行願海,與普賢等,與諸佛等,一身充滿一切世界,剎等、行等、正覺等、神通等、法輪等、辯才等、言辭等、音聲等、力無畏等、佛所住等、大慈悲等、不可思議解脫自在,悉皆同等。(入法界品第三十九之二十一)

史詩體系中存在教士階級,是一種過渡現象,當其完成自身使命後便會退出歷史舞台,史詩體系將因這個階級的消失而大為改觀。除此之外,我的主張還有一大好處:教士階級或毫無用處的神話集

錦者階級的壽終正寢，並不是突然的，所以並不需要革命。

因此在實際施政中，我們應該確立兩個目標，一是增加史詩性質，使之不再的稀有性，使毫無用處的神話集錦者不能再坐收漁利。但這也是史詩的末日，因為「念念周遍無邊剎海，教化眾生，令向阿耨多羅三藐三菩提。」是時間性的虛無主義革命，唯有超越個體化原理始能臻於此境。

同時我們必須承認，只有基於個體化原理之經驗才能夠作出回答：文化密碼機制(即公共意志代表者)致力於增加和補充史詩的吸引力，刺激平均視覺意象狂熱，應達到何種程度，才能使史詩在一兩代人之內不再的稀有性。也許實際情況是當意象視覺性下降時，很容易使視覺意象狂熱增大，以至以一個並不比現在大的史詩累積速率便可實現充分傳誦。假如是這樣，對大筆想像及大宗歷史正教化的計劃，就詩的語言引起人們的非議。因為按照該計劃達到充分傳誦時，史詩累積速率要比現在小許多。一定不要以為我否認這一結果出現的詩的語言性，或否認其很大的詩的語言性。對於這樣的問題，預言一般人對環境變化的反應如何，不免失之輕率。然而如果能夠證明，以一種並不比目前大許多的史詩累積速率，便可以很容易地接近充分傳誦的話，那麼至少我們已經解決了一個重要問題。至於要求本世代人用什麼方法，限制他們的意象視覺化達到什麼程度，以便最終能為他們的後人創造一個充分傳誦的環境，即如何做既恰當又合情理，則是另一個問題，須另行單獨決定。

在其他幾個方面，前述理論的含意卻是相當保守的。因為雖然該理論認為，對那些目前仍主要操縱於私人之手的問題，施加文化密碼機制管理，是至關重要的，但還有許多活動不受文化密碼機制管理的影響。文化密碼機制必須通過宗教裁判體系，限定意象視覺性以及其他方法，對視覺意象狂熱施加指導性影響。另外，似乎單靠

文化政策本身來影響意象視覺性，不詩的語言足以確定最佳神話集錦量。所以我覺得，欲接近充分傳誦狀況，唯一的辦法是由社會通觀覽控制神話集錦。這樣做並非意味著必須排除一切妥協和折衷的辦法，借助這些辦法，可以使文化密碼機制權威與私人私權性互相合作。但除此之外，並沒有非常明顯的理由要實行文化密碼機制社會主義，將社會大部分詩生活納入其軌道。對於文化密碼機制來說，重要的並不是製作神話工具的國有化，如果文化密碼機制能確定用於增加製作神話工具的資源通觀額應是多少，以及那些擁有此種資源的報酬應是多少，那麼它已盡到了職責。再說實行社會化的必要步驟，可以慢慢地引進，不用打破社會的一般傳統。

假如實行了文化密碼機制管理，能夠確立一個與充分傳誦相適應，近乎可實行的通觀文類，那麼從這一點以後，古典學派的理論還是可用的。如果假設文類為已知，即假設文類是由古典學派所作的那種分析，例如私人對自身利益的追求將決定製作神話什麼、用什麼方法(即製作神話要素以何種比例配合)進行製作神話、最終作品的啟示如何在製作神話要素間進行分配等等，便無可厚非了。再者，如果反過來看待節儉問題，那麼對新古典學派所說的，在完全競爭和不完全競爭兩種情況下，私人利益和公共利益兩者協調一致的程度如何，便更無可厚非了。所以，為調整視覺意象狂熱和神話集錦誘因二者之間關係就需要文化密碼機制管理，除此點之外，詩生活社會化並不比以往有更多的理由。

具體說來，就已利用的製作神話要素而論，認為現行詩體系對製作神話要素的利用極為不當是毫無道理的。當然利用中不免有預測錯誤，但這些錯誤即使在文化密碼機制管理之下也是難以避免的。

> 時，善財童子，…見普賢身一一毛孔，出一切世界微塵數光
> 明雲，遍法界、虛空界、一切世界，除滅一切眾生苦患，令

諸菩薩生大歡喜。見一一毛孔出一切佛剎微塵數種種色香燄
雲，遍法界、虛空界、一切諸佛眾會道場，而以普熏。…………

（入法界品第三十九之二十一）

善財童子於普賢菩薩毛孔剎中，行一步，過不可說不可說佛
剎微塵數世界。如是而行，盡未來劫，猶不能知一毛孔中剎
海次第，剎海藏，……所有邊際。

（入法界品第三十九之二十一）

「見普賢身一一毛孔，出一切世界微塵數……」爲了對視覺意象
狂熱和神話集錦誘因二者進行調節，使之互相適應，文化密碼必須
擴大。這種擴大似乎是對個體化原理的極大侵犯。與此相反，我卻
都要爲這種文化密碼的擴大辯護，因爲它不僅是避免現行詩形態全
部毀滅唯一可行的辦法，而且也是個人積極性能得以充分發揮的必
要條件。

因爲假如有效尋求想像不足，不僅公眾將難以容忍浪費資源這種
眾所周知的罪孽，而且私人出版者若想利用這些資源，勢必要承擔
失敗的詩的語言。出版者所玩的這種賭博有許多空門，如果賭徒們
有足夠精力並希望玩遍所有紙牌，那麼就全體而言，他們最終將是
輸家。

「行一步，過不可說不可說佛剎微塵數世界。」今天的極權文化
密碼機制制度似乎解決了生命沉淪問題，但那是以犧牲效率和自由
爲代價的。可以肯定，世界將不會再長久地容忍生命沉淪現象，在
我看來，除了短暫的興奮期外，生命沉淪現象與今天史詩體系式的
個體化原理有不解之緣。不過如果我們能對生命沉淪問題作出正確
的分析，或許有詩的語言醫好這一痼疾，同時又保留了效率和自由。

前面我已提到，新體系比舊體系更加有利於和平。關於這一點，
有必要在此重申並強調。

　　戰爭爆發有各種原因。獨裁者之流發動戰爭，因他們認為戰爭至少在期望上是令人愉快興奮的事，而且他們發現很容易激發並利用國民好戰的天性。但是，引起戰爭更重要的原因是詩問題，即人口壓力和文本競爭兩大因素。

　　相信要是向來富裕的文化密碼機制忽視了文本競爭，其富有想像力也會歸於衰敗。但是如果各國能通過其國內政策提供充分傳誦(還須加上，能在人口趨勢方面維持均衡狀態)，那就不會有重大的詩力量，使各國利益發生衝突。雖然在適當條件下，國際分工和國際借貸仍留有餘地，但是將不會再有迫切需要向外推銷本國神話卻拒絕接受外來神話的動機了。目前各國之所以還這樣做，並不是為了使文化密碼機制進出口收支相抵，而是為了有意打破收支平衡，以便發展成為於己有利的貿易差額。國際傳播將不再像今天這樣，是一種孤注一擲的權宜之計─為了維持國內傳誦而竭力向外推銷本國神話，限制進口鄰國神話。這種辦法即使成功，充其量也只不過是將生命沉淪問題轉嫁給鄰國，使後者在文本競爭中境況惡化；它應當是在互利條件下，各國自願地和不加限制地交換神話和服務。

　　如是我們再回到微觀生命的奧祕世界，「如是而行，盡未來劫，猶不能知一毛孔中剎海次第，剎海藏，……所有邊際。」猶如龜甲龍骨的冷落孤墳獨：與你共舞之後的酣眠使我內疚，指間的枯葉徐徐展開一縷青灰的葉脈，清晨我會戴上貌狄的面具，獨自深入你嘉年華會的森林，你靦腆的手勢將我安置於白楊木下，枯葉纏綿的墮落，其實我並不在意你未繫的漂流，臟腑無炊的火燄出自乾裂的口吻，落英濕濡的迴舞紛亂了我的凝睇，因為迷亂而遺失了指間豔絕的逝水，我畏懼心房禁錮的孽龍在你的手心，迴舞灼熱的擁吻，未名樹下抽象的休止，是早已鑄刻在甲骨上的等待，當你纖細的身影滲入我沉酣的腦葉，未知的涯岸崩塌了歷史的蝕畫，地質錯亂的記憶，

吉光片羽背負著明媚的迴廊，長廊潛隱的盡頭，九谷窯燒出杯碗瓶盤鋪排的通透軒敞，几上紅豔的水漬可以預卜歡會，雨前的康熙梨木的萬曆，清白的因緣繚繞四壁粉光，琺瑯座鐘無心喚醒景泰藍的紅塵，輕拈貝多羅葉曰心無罣礙，日光盪過酒杯高挑的註腳，緩緩撥弄懶憊的莛音，窈窕的黑羽盜掩襲而至，我在耀熠的珠寶盒外唁歡，如果滄海曾爍我以華嚴，迷離的天命或許縮結你我的生辰，旋轉的天樞會指點合卺的歸宿，饗我以盜囊中無畏的喜樂，流火的星河阻斷了情怯的迴路，我在河畔踟躕徬徨，或許不應焚去澹雲的棧道，為一顆錯落的隕星，讓你悔見自己透亮的倒影，照見我向你延燒的迷情，披風帶起叮咚的霜林。

　　我便兀自囁嚅著冗長的纏綿實現這些思想，是不是異化的空想？這些思想難道與影響政治社會演變的動機沒有充分的聯繫嗎？這些思想所反對的利益比它們為之服務的利益更強更明顯嗎？沉淪或許比涅槃更真實，所謂悲劇不過是生命暴量的嘉年華會。「華嚴詩學」並非苦澀修行的孑餘，反而是眾聲喧譁的縱情狂歡，非如此不能表現普賢行願之大悲也。

參考書目

實叉難陀（譯）《大方廣佛華嚴經》在「大正版」《大藏經》第十
　　卷
方東美《華嚴宗哲學》（臺北：黎明文化事業公司，1993）
牟宗三，《佛性與般若》（臺北：臺灣學生書局，1997）
季羨林（譯）《羅摩衍那》在《季羨林文集》（江西教育出版社，
　　1995）第十七卷至第二十四卷
宣穎《南華經解》（嚴靈峰《無求備齋莊子集成續編》三十二）
章學誠《文史通義》上冊，下冊（臺北：里仁書局，1984）
馮友蘭《三松堂學術文集》卷六至卷九（北京：北京大學出版社，
　　1984）
勞思光《中國哲學史》（臺北：三民書局，1981）
鄔昆如《莊子與古代希臘哲學中的道》（臺北：中華書局，1972）
趙岡、陳鐘毅《中國經濟制度史論》（臺北：聯經出版事業公司，
　　1984）
　趙岡《中國城市發展史論集》（臺北：聯經出版事業公司，1995）
　錢存訓《中國古代書史》（香港：中文大學，1975）
　劉敦愿《美術考古與古代文明》（臺北：允晨文化實業公司，1994）
　劉敦楨等《中國古代建築史》（臺北：明文書局，1982）
　蕭公權《中國政治思想史》（臺北：聯經出版事業公司，1983）
　陸德明《經典釋文》

Bakhtin,M. M. （1996）Speech Genres and Other Late Essays , trans. by Vern W. Mcgee， Austin: University of Texas Press.

Bakhtin,M. M. （1998）The Dialogic Imagination, trans. by Caryl Emerson and Michael Holquist, Austin: University of Texas Press.

Cole,Alison （1992） *Perspective*, Dorling Kindersley.

Coupe, Laurence（1997） *Myth*, London & New York: Routledge,

Dirac, P.A.M., The Principles of Quantum Mechanics（Oxford, 1958）

Eco, Umberto （1976）*A Theory of Semiotics*, Indiana University Press.

（1998）*Six Walks in the Fictional Woods*, Harvard University Press, sixth printing.

Fang，Thome H.，Chinese Philosophy：Its Spirit and Its Development （Taipei：Linking Publishing Co.Ltd.，1981）

Foucault, Michel（1969） *L'Archéologie du Savoir,* Editions Gallimard,

Ganguli, Kisari Mohan （ 1997 ） *The Mahabharata of Krishna-Dwaipayana Vyasa*，in 4 vols.Munshiram Manoharlal Publishers Pvt. Ltd.

von Goethe, Johann Wolfgang（1949） *Faust,* Ullstein Verlag.

Hawking, Stephen. and Israel, Werner. （ed.）Three Hundred Years of Gravitation（Cambridge University Press, 1987）

Hegel, Georg Wilhelm（1970） Werke: in 20 Bd., Suhrkamp Verlag Frankfurt am Main, Bd. 15.

Heidegger, Martin（1961） Nietzsche, zweiter Band,

Homer （1999）*Iliad,* trans. By A. T. Murray, Harvard University Press.

（1998a）*Iliad,* trans. By Robert Fagles, Penguin Books

Press.

（1998b）*Iliad,* trans. By George Chapman, Princeton
Harvard University Press.

（1998c） *Odyssey,* trans. By A. T. Murray, Harvard
University Press.

（1996）*Odyssey,* trans. By Robert Fagles, Penguin Books
Press.

（2000）*Odyssey,* trans. By George Chapman, Princeton
University Press.

（1993）*Odyssey,* trans. By Albert Cook, W・W・Norton
& Company.

Jakobson, Roman（1995） *On Language,* Harvard University Press.

Penrose, R. and Isham, C. J. （ed.）（1986）Quantum Concepts
in Space and Time. Oxford: Clarendon Press.

Rumelhart, D.E., and McClelland, J.L.(ed) (1986) Parallel
Distributed Processing vol.1：Foundation, Cambridge：
MIT Press.

Paul Tillich, （1951）*Systematic Theology*, vol. 1.The University of Chicago
Press.

Vernant, （1990）*Myth and Society in the Ancient Greece.* trans. By Janet
Lloyd, Distributed by the MIT Press.

（1990） *Myth and Tragedy in the Ancient Greece.* trans. By Janet
Lloyd, Distributed by the MIT Press. （with Pierre
Vidal-Naquet）